裕さん、抱きしめたい

——亡き夫・石原裕次郎への慕情の記

石原まき子

青志社

裕さん、抱きしめたい

目次

裕さんを愛してくださった方たちへ――

目次

第三章　〝裕次郎〟私だけが知っている素顔

第四章　〝病魔との壮絶な闘い〟最後の六年間

第五章　裕さんが遺してくれたもの

七年前に裕さんが書いた〝遺書〟

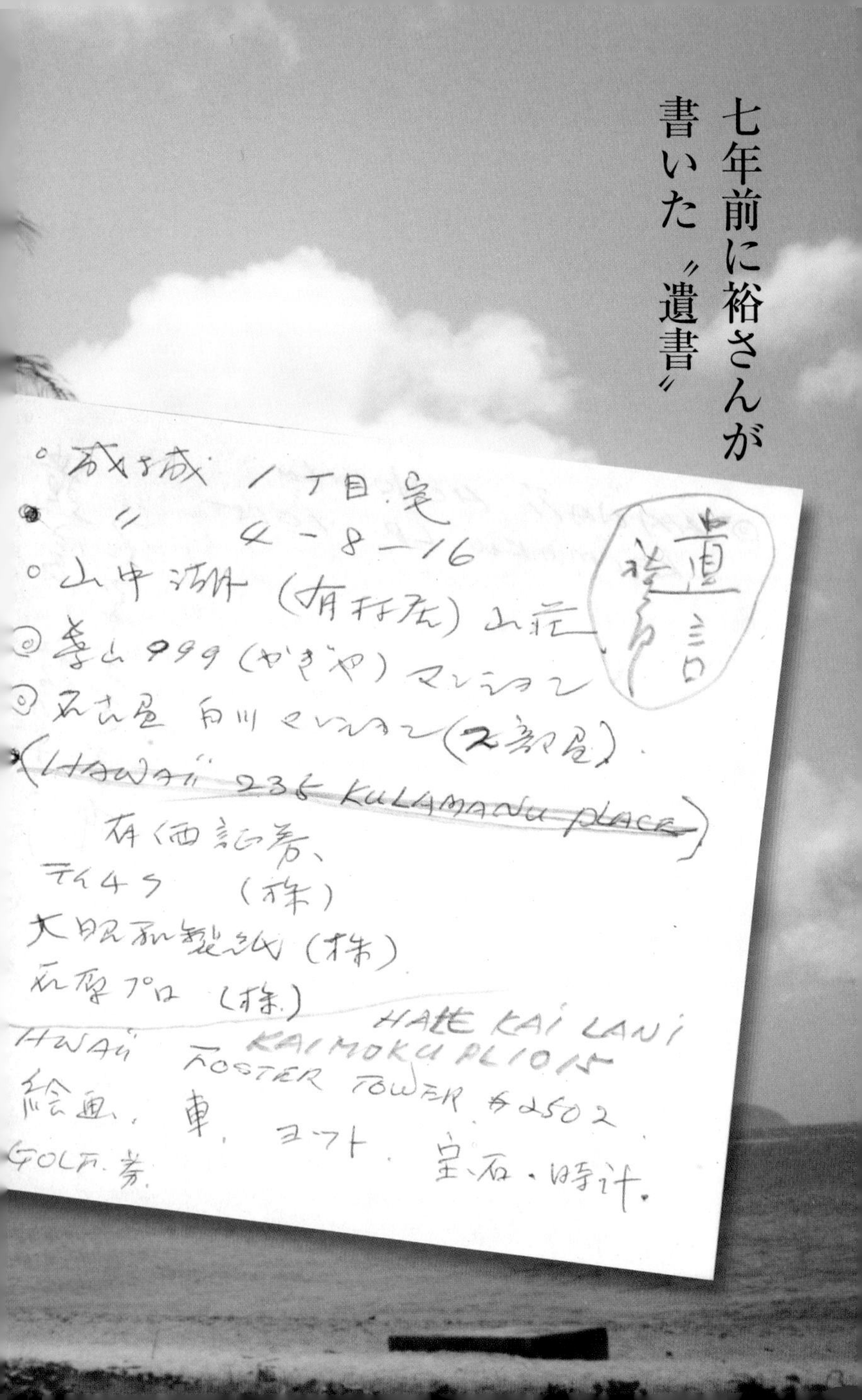

昭和56年の大動脈瘤手術の
直前に書かれた私への遺言。

第一章　喪に服した私の３６５日　私の「日記」から

昭和六十二年七月十七日。――裕さんと最後のお別れをしたあの日の午後――。病棟から見える梅雨明けの空に、美しい虹がかかっていたことを聞かされましたのは、それからしばらく経《た》ってからのことでした。

あの日から、いま一年が過ぎようとしています……。

裕さんの書斎、靴箱、リビング、裕さんが使った歯ブラシ、衣服、ベッド、ソファーは、あの日のままにしています。裕さんが「ウチのカミさんは胡蝶蘭《こちょうらん》の育て方はプロ級」といって自慢していた胡蝶蘭が、今年もみごとに花開きました。

庭の木々、草花、野鳥のさえずり、静寂、すべて、今年も変わりありません。

その景色のなかで、たったひとつだけ欠けていることは、裕さんがいないこと、ただそれだけです。

私が〝石原裕次郎の魅力のすべて〟を写真で語るとしたら、この一葉です。

裕さんが好んで植えたしだれ桜が今年は見事に咲きました。来年こそは裕さんの好きだったミヤコワスレをきれいに咲かせたい——。

朝、夕の食事、ほとんどひとりですませています。

食器棚を開けると、必ず裕さんのお茶わん、箸、皿、グラスが目に入ってきます。お気に入りだったナイフとフォーク、スプーン——。でもいまも触れることができません。

最後に家を出て行かれたときに使った、歯ブラシは、そのまま洗面室の歯ブラシ立ての中にポツンと置かれてあります。

ベッドルームのサイドテーブルの引き出しに、裕さんの日記帳、絶筆となったメモや、亡くなるギリギリまで身につけていた指輪などが残されています。いまでも、この引き出しを開ける勇気のない私は、日記にどんなことが書かれているのか、いっさいわかりません。

裕さんが私にいった投げやりな、

「俺はこのまま死ぬ。ママは強い人だからすぐに立ち直れるよ」の言葉。

「私がひとりっきりになってしまうでしょう。お願い、そんなこといわないで！」

ひとりっきりで一年を過ごしてきた現在《いま》、しみじみとその会話を思い出しています。でも、私はやっぱりそんなに勁《つよ》い女ではありませんでした。

あまりにも多くのにおいを残して逝った裕さん……。

裕さんと過ごした三十年、想い出が深すぎるためにいまがとてもつらい。裕さんのパジャマ、シャツ、ネクタイ、腕時計、身につけていた品々、そしてすべて、いまはだれにも触れさせたくありません。

日がたち、いつかは、裕さんに近い人たちに、形見分けはするつもりです。その時期がいつかは、わかりません。いまはだれにもいっさい渡せないのです。


私の「日記」から――

六年あまりにわたって私は、《看護日記》をつけてきましたが、裕さんが亡くなる二日前から、白いページを残したままになっています。

その後、裕さんがこの世にいないことがまだ信じられず、眠れない夜を過ごしていたころから、ベッドサイドにあったメモ用紙につれづれなるままに、折々の心境を書きとめておりました。それが以下の日記です。書きつづっていくうちに、裕さんへの手紙のようになってしまいました。

また夜が……私も終わりたい

昭和六十二年八月三十日

朝、目を覚ました時、なんとも言えぬ淋しさに胸が締めつけられる。悲しい……。長期入院だった上に、ベッドの温《ぬく》もりも香りもない。淋しい。咳《せ》き込むように泣けてしまう。ずっとこ

レースをかけてある手前の椅子が裕さんの指定席でした。ぐるりと彼を囲むようにしつらえたソファで、仕事の話に興じたり、楽しく過ごしたもの。

のままかと思うと……。

九月九日

連日の睡眠不足で気分悪し。両足の親指の付け根がグルリと痛い。左人差し指のシビレが七月十七日の夜以来、治る気配もない。

足の痛みは一年前からのものだから……。

九月十一日

十日より一人で睡眠を頑張ってみる。夜、専務（注・石原プロ小林正彦専務）、金宇氏（同プロ常務）と青山堂（仏具店）へ。裕さんおやすみなさい。また明日ね。

九月十二日

秋めいてきた。もの悲しい。旧日活時代の照明部さんより、お心のこもったアルバムが届く。

慶応病院の看護婦さんたち。

九月十三日

また夜が来ました。お経も写経も終わりました。私も終わりたい。悲しくてたまらない。

裕さん、おやすみなさい。また明日ね。

九月十五日

裕さん、おはようございます。

裕さん、おやすみなさい。とても悲しいです。

九月十六日

いよいよ相続税の問題検討会が始まる。

先生方を初め、皆さんにご足労いただく。

裕さん、おやすみなさい。

九月十七日

裕さまが逝って二か月が過ぎる。しかし、いまだに信じられず、生きているのです、私の心に。地球の裏側にロケーションにでも行っているのですね。電話も通じにくいところだと思うのです。手紙も書く時間もないのだと思うのです。と思っているのですが……。現実は現実として認めなければならないのですが……。

なんとも辛い。裕さんおやすみなさい。

九月十八日

日に日に秋が深まり始める様子が顕著になって寂しいです。

九月十九日

朝の目覚めが悪くなりだしてきた。足の痛みがなんとなく広がり出したように思える。

左手人差し指のしびれ、依然《いぜん》と治らず。

裕さん、おやすみなさい。寂しいです。


真夜中、裕さんの夢で、目が覚める日が続く。

朝の三時十五分――。

〈裕さんが床の間を上に、畳にじかに横たわっている。掛け蒲団をかけ、顔ははっきり見えない。隣の部屋のようにも思える。

女性一人、男性一人いる。

女性は二十五、六歳ぐらい。「奥さん、今日いてあげてください」「もちろんそのつもりです」〉

女性は看護婦さんではないかと思うんです。

〈男性、四十歳くらい。

どこかで見た顔だがはっきりせず。「自分は死ぬかもしれない」といって目にいっぱい涙を浮かべている。

私は「そんなバカなことをいうんじゃありませんよ」といった〉

ここで夢が覚めたんです。

その男の方がおっしゃったところで。おかしな夢をみました。

「奥さん、今日いてあげてください」

というのは、あのころ、病院に泊まらないで、通っていたからなんです。〝泊まり込んであげたい〟そんな思いが、夢の中でそんなセリフに変わったのだと思います。

「そんなバカなことをいうものではありません」

というのは遠藤さん（注・夫妻の30年来の心を許し合えた友人）のセリフなんです。

遠藤さんが日ごろ「奥さんこういうふうにいうんですよ」といってましたから。

だからいま考えると夢の中に出てきたこの若い男の人は遠藤さんだったのでしょう。

成城の自宅寝室に飾られたこの写真は、数少ない、裕さんお気に入りの一枚。写真の中から笑顔でこたえてくれる裕さんが、まぶしい……。

九月二十日、日曜日

目覚めが悪くなる。目の下にクマができている。

ずっとこのままなのだろうか。これからどのようになっていくのか見当がつかない。

一日も早く法的な用件が片づくとよいと思う。

やりきれず書くことなし。

裕さん、おやすみなさい。また明日ね。

二階のプレイルーム。以前からふたりの大切な写真と、私が撮った裕さんの写真を年代別にファイルしていました。この中から未公開のものを今回紹介。

きょうも一日、無意味を味わうのかと……

九月二十一日

いよいよ秋の風。悲しくてたまらない。胸が張りさけそうになる。

本当に貴方はいないのですか。山中湖へ（注・ふたりが過ごした別荘）。でも考えるだけで、勇気がなくてだめです。

裕さん、おやすみなさい。また明日――。

九月二十二日

去年の今日は何をしていたのか。前の年の日記を見る勇気起こらず。見るのもつらい。いつまで続くのか……。もう本当にいやになってきた。この先、何があるのだろうか。

一日も早く会いに行きたいと思うのだけれども……。

ジョー（注・夫人の甥）の結婚式も四日後に迫り、出席できません。とても残念。

裕さん、おやすみなさい。

九月二十三日

また一日が過ぎました。明日も同じ日が来ると思う。この繰り返しがいつまで続くのか。目的のない生活がなんと虚しいものか。

般若心経がどうやら唱えられるようになった。二百六十六文字のお経がどうしても覚えられず、一か月と五日目、やっとのことで……。自分の頭の悪さが情けない。

書くほうも、二、三文字の間違い字があるが、大丈夫の模様。

裕さん、おやすみなさい。

九月二十四日

朝の目覚めが非常に悪くなる。

眠りが浅くなる日がたつにつれて、寂しさがつのりだしてきたような気がする。

今後大丈夫だろうか。

一人になったことが切実になってくる。

今夜は一人でいる時間が長くて、食事も一人。

いつまでも頼ってばかりはいられぬが、なんとも悲しく、寂しく、つらいことですね。

裕さん、おやすみなさい。

九月二十六日

小さな嵐。目が覚めない方法があるとよいと思うな。

裕さん、ジョーたちを見たかったでしょう。

おやすみなさい。

九月二十七日

朝まで起きられず。

裕さん、おやすみなさい。

九月二十八日

夜中に目覚める。なんとかならないか。少しずつ片づけをしてみるが、直接裕さんの身近な物は、まだ手をつけられる勇気がないので、バーの整理からまず始めてみる。

勇気が多く必要。

明日はやっと入魂式にこぎつける。少しずつ実感。私にとってはよくない。

裕さんが遠くに行ってしまうような気がしてならない。

裕さん、おやすみなさい。

九月二十九日

朝方の冷え込みが身に感じる季節になる。　先日まで暑い日が続いていたのが嘘のように、日がたつのが早い。

きょうもまた一日無意味を味わうのかと思うと目覚めがうらめしい。

やっと入魂の儀式が無事終わる、やっと落ち着く。

あとは、一日も早くお仏壇のでき上がるのを待つこと、お墓が決まることをお祈りするのみ。

裕さま、おやすみなさい。

また明日。

十月三日

日に日に寂しさがつのる。明け方の冷え込みが、身も心にも、この上なくよくない。

一人になってしまったことの寂しさが悲しい。

明日はもういらない。

十月四日

久しぶりに頭痛で気分が悪い。

目的も希望も断たれた無意味の毎日の故、気が相当歪んできていることはたしか。

昭和62年5月5日、再入院の日。その朝裕さんが使った歯ブラシ。熱と痛みに苦しんでいたにもかかわらず、ふだんどおり歯ブラシ立てに立てて。

本当につまらぬ。

裕さん今日は早くおやすみします。

〝お先に〟というのでしょうか。おやすみなさい。

十月五日、晴れ

昨日早めに体を休めたためか、今朝はやや楽に目が覚めました。

しかし、左側の頭部が痛む。頭痛の場所はいつも同じ場所。しかし、私は頭痛持ちではない。

きょうは、蒸し暑く、汗がよく出る。

少しずつ、裕さんがホノルルで着用した和服、病院で使用した蒲団、そして帰宅時の蒲団を整理する。

なんとも辛い……。しかし、誰にも触れられたくないので、早く一番よい場所へと必死。

私も戒名をいただきました

十月六日、雨

まき子、安名血脈式のため、総持寺へ。梅田猊下《げいか》により儀式が行われるため、七時起床。雨降り。

また裕さんが降らしたな、なんて考えながらお寺へ。

姉（注・夫人の）も初めてのお寺なので、二十四日の百か日の法要のために道順を気にしている。梅田猊下により血脈式が無事に終わり、精進料理を頂戴し、三時帰宅。

三時過ぎより二時間ばかり、専務より今後の会社の問題を、金宇氏、渡氏（注・渡哲也）と会議が始まる。

難しいことばかりで、これからたいへん。

裕さん、おやすみなさい。

安名血脈式というのは、裕さんと、あの世でも夫婦の契りを結び合える儀式で、私に戒名を与えてくださるのです。

これは、私のたっての希望で、小林正彦専務、渡さん、石原プロ社員、親族が立ち会っての儀式でした。

儀式が終わったとき、冗談で、

「あーあ、これでもう再婚できませんね」

といったら、みなさんがいっせいに、

「当たり前です！」

と返ってきたんです。力を入れて……。

それで笑ったんです。少しだけ……。

お墓はふたりしか入れないから守ります。守れる限りは。ただし、私もそのあとに入るわけで、私が守らなくなったら、お墓の中に入ったあとは、どうなるんだろう、ということは、不安としてあります。

でも私のことですから将来キチンとしていくつもりです。

生きていく限り、生を授かっていく限り、ひとりで、しっかり裕さんの墓地を守ります。

十月八日

何年ぶりか、六年ぶりかと思いますが、石原プロへ。渡氏の社長就任問題と、皆様への感謝のご挨拶を申し上げるため、懐かしさと、寂しさと悲しさと複雑な気持ち。

専務の前説があり、社員の方々の真剣なまなざしを感じ、今後のご苦労を思うと胸が痛んで仕方がありませんでした。

渡氏の性格を思い、さぞお辛いこととご同情申し上げます。

裕さん、どうか皆様をお守り下さい。

お昼をご馳走になり、三時帰宅──。

裕さんの新しいお部屋の改造のため、一か月ばかりリビングルームへ引っ越しすることになりました。藤原氏ご一同（注・工務店）、大塚、金宇氏と頑張って下さり、大変居心地よい仮祭壇ができ上がりました。

裕さんも、なんとなくほっとしたのではないでしょうか。

裕さん、おやすみなさい。

十月十日

昨日も、やっぱりだめでした。

夜中に目覚めるばかり。

本家の都合により、急遽、石原の父の三十七回忌の法事を行うため、三時まで逗子の海宝院へ。土曜の祭日だが、心配しているほど混雑もなく、時間どおり到着。

無事法事も終わり、四時半、帰途につく。

裕さん、おやすみなさい。

昭和62年2月26日、別荘の玄関先で、レコーディング・スタッフを見送る裕さんと私……。これがふたりで過ごした、ハワイ最後の写真となりました。

裕さんが24歳のときに建てた成城一丁目の家で。桜が見事で、いまの家に移植したかったのですが、老木で無理だったのが心残り。右と同じときに、裕さんが撮ってくれました。子供みたいな彼と同じポーズで。青春時代を過ごした家での想い出深い一カット。

十月十一日、日曜日

裕さん、リビングルームに引っ越して三日目。

本来の自分の席に戻ったわけですね。

やっぱり落ち着いています。

ゴルフ日本シリーズ男女のオープンを一緒に見る。男子では青木氏が優勝。やはり強い。

裕さんのごひいきの人だけに、よかったですね。

裕さん、そちらは寒くないですか。こちらは、だんだん冷えを感じるようになりましたよ。そちらも、もし同じでしたらあのフラノのズボンを、もうそろそろ付けて下さい。

風邪をひかぬように、気をつけてね。

では、おやすみなさい。

また明日ね――。

十月十二日、雨・晴

朝の雨、どんより曇った空の、なんともものの悲しい。憂鬱……。

午後あたりより雨もあがり、晴れ間もチラホラ。まだ考えたくない。わざと避けております。

思えば思うほど落ち込むこと激しい。

もう少しごめんなさい。

今日は、裕さんのお部屋で本格的に工事に入り、出来上がりが待ち遠しい。

久しぶりに家の中に騒音が響き、人がいるんだな、ということです。

メイド・ルームの一つを使用しなくなったため、少々手を入れ、ゲスト・ルームにすることにいたしましたよ。

あちらこちら少しずつ止めて（注・エアコン）いきます。

あなたが使用しないので、どうも必要なくなりそうです。

明日は、山中湖に行ってまいります。

あなたの品物、衣類等を、誰にも手をつけられないように、ひとまず成城に戻すことにいたた

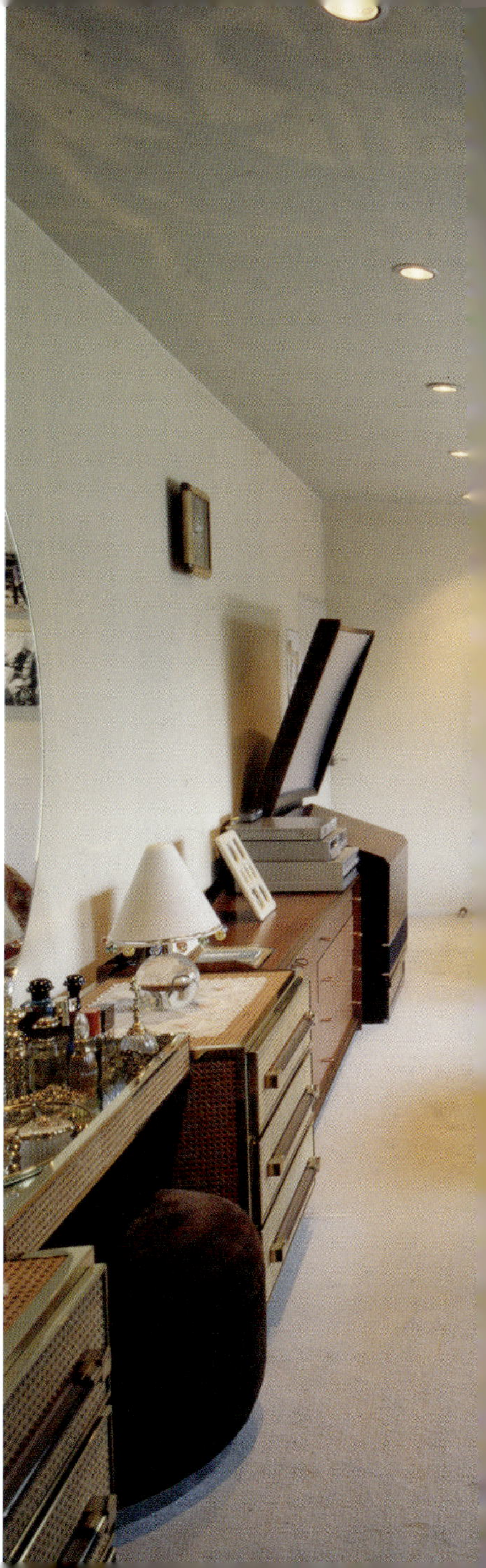

ふたりの寝室。以前はダブルベッドでしたが、新築を機会にセミダブルを二つに。これで、ゆっくり寝られると、裕さんは喜んでおりました。

しました。

あなたの物は、どんな事が起ころうとも守り抜くためには、一番安全に私の目の届くところに置くことにすべきですものね。

ですから早く帰ってきて下さい、と言いたいところですが、でもやっぱり無理ですか。

いつまでも待っておりますが、なるべくお早くね。

忙しいのはわかります。でもね……。

十月十三日

ちゃんとお食事はしているのでしょうか。

アルコールは少な目のほうがよいと思いますよ。腰痛はいかがですか。

治っているかと思いますが、でも冷えると再発の恐れがありますから、気をつけてね。

薄着は避けたほうがよいですよ。

すぐに風邪を引く体質ですから、発熱が面倒ですよ。

あまりお友達に、ご面倒をおかけしないようお頼み申し上げます。

ですから、よその人にお手をわずらわすことも気を使うでしょう。

一日も早くご帰宅されたほうが、ほっとするでしょう。でも……。

きょうもまたお先におやすみなさい、裕さん。

あっ、そうだ。今朝のスポーツ紙に『北の旅人』が有線放送でナンバー1と出ておりましたよ。

皆さん、あなたの歌がとってもお好きなようです。ではまたね。

もう一つ、銀座音楽祭で特別賞を神田さんが受け取って届けて下さいました。

先日の賞と、また近日中に一ついただくそうです。見にいらっしゃいませんか。お待ちしております。

　いつまでも、いつまでもね。

想い出の品を山中湖の土へ帰しました

十月十四日、快晴

昨日、十一時自宅を出発で、山中湖の家へ行ってまいりました。

昨年度は一度も行かなかったのに、中央高速道路がすっかり変わっていて驚いてしまいました。

中央高速富士吉田のインターチェンジ、山中湖方面行きの新道ができていて、町の中を避けて、富士山の裾野を一直線に湖に向かって、すばらしい道が出来ておりました。

シーズン中の混雑がすっかり解消されたわけです。

残念ながら、今さらと思いました。

実は、やっぱり大黒柱を失った寂しさがなんとなく漂っていて、胸が痛みましたよ。

辛い〲整理を、無我夢中でいたしました。

何もかも一つ残らず東京へと考えておりましたが、二十六年間の山中湖の想い出は、あなたのこよなく愛した山中湖の土へと、一部を除いて灰にいたしました。

少しでも快適にと新しいアイスボックスが、一度も使用されないままになってしまいました。

なんとなく悲しくて。

他人の目を避けてメモのやり取りで〝会話〟した恋愛時代。結婚後も裕さんはちょっとしたこともメモに残して――。

いえ、そのまま灰にして、しまいたく思いました。

ベッドは二つ必要なくなりました。空《から》のベッドは、山の家に特に寂しすぎます。

あなたのベッドを私のために残し、私のベッドを処分いたしました。

ライティングテーブルの引き出しの中に、あなたの使いかけのつま楊枝が、一本ポツンとありました。たまりませんでした。

布団、毛布、タオルケット、夏掛け布団、枕、二十七年前にスペインから買って帰った白い毛の絨毯《じゅうたん》、いつも暖炉の前で横になって使用していたクッション、ゴルフシューズ二足、血圧計と薬類。庭に大きな穴を掘り、灰にいたしました。

二十六年前に希望に胸をふくらませて建て

た山の家も、このようにしてピリオドが打たれたわけです。

次はいつ使用するかわからない家を後に、真っ暗な山道を東京に向かって必死に走り続けました。

お天気は、あなたには信じられないほどおだやかで、風ひとつなく、きっとあなたが見守っていて下さったのですね。

ありがとうございます。

会社の椎葉氏、宇角氏（注・石原プロ社員）、森田氏（石原プロ社員）、庭の草を綺麗に刈って下さいましたよ。

大塚氏（夫婦の旧友）、関町氏（石原プロ社員）十九時成城に到着。

三人で夕食をいたしました。

二十一時、遠藤氏があなたの写真を受け取りにみえました。

明日、元祖会の皆様で成田のゴルフ場で、あなたの追悼ゴルフをなさるため、皆とご一緒にと、写真を必要とされたわけです。

よかったですね。

きょうは、あなたのお部屋の居心地をよりよくするため改造中で、朝からわりと大きな音がしております。

一か月くらい時間がかかると思います。

最高のお部屋にしようと思っておりますのでちょっと耳がうるさいことですが、我慢して下さい。

裕さん、おやすみなさい。

また明日。


二人がとても好きだった家ですし、とても長かったし、想い出が詰まった家なのです。ですから、片づけるに片づけられない。何が一番いい方法か、と考えたあげく、ずいぶん処分して燃やしました。

たとえ靴下一つでもなくなるのがつらくて。

でも全部なくすということは、裕さんにかわいそうですので、ガウン一枚と、パジャマ一組だけ置いて、あとは成城に持って帰り、一部を山荘で灰にしました。

十月十七日
あの日お別れして、早三か月になりました。
いまだに、ついさっきの出来事のようです。

不思議なことに、日がたつにつれその思いが強くなります。

やはり地球の裏側で仕事をなさっているんでしょうね。

あなたのお部屋の改造も、着々と進んでおります。

渡氏がお見えになりました。氏もあなたの業務を受け継ぐことになり、精神的にもある意味では大変な負担を感じていると思われます。

本当に、〳〵お気の毒です。

胸が痛む限りですが……。

あなたも見守って下さい。

夕食後山上ご夫妻（注・夫妻の友人）、遠藤氏と午前二時まであなたのお話に花を咲かせました。

大塚氏も、珍しくゆっくりして下さいました。皆さんがお帰りになると、やはり寂しいです。

朝日新聞より特別賞をいただきました。

タイソンのボクシング、TVをつけましたが、ご覧になりましたでしょうか。

ではきょうもおやすみなさいね。

裕さん。

十月二十一日

きょうあたりからまたお天気が下り坂になり、もしかすると百か日当日も雨になりそう。

雨が降ったほうが、裕さんらしくてよいのですがね。

十月二十四日

やっぱりあなたの雨が降りました。

それも並みの降り方ではなく、本当に強くよく降りました。

総持寺に正午に着きました。

雨はますます強くなり、車中でも小林氏、金宇氏、最初の頃は「また社長が降らしたな」とワイワイにぎやかでしたが、次第に口数が少なくなって、雨とあなたの不思議な因縁めいたものを各々感じておりました。

一時より本堂での供養が行われ、阿部ご老師様の読経から、八十人の雲水様の行が厳かに、繰り広げられ、なんとも荘厳で、八十人以上の読経が大本堂の中に響き渡り、そのハーモニーのすばらしさが、このところ多少のいらだちがちの神経をやわらげて下さいました。

お寺での昼食の精進料理がみごとで、本当にあなたらしい百か日供養でした。

あの日からもう百か日たったなんて、嘘のようです。

つい昨日のように思えて、百か日の悲しみも昨日の悲しみには変わりなく、ますます、悲しみが強く、あなたへの思慕も深まるばかりです。

墓地ができ上がるまで成城に一緒に居られますが、いずれの日には、成城とお寺と別れなければならなくなり、その日が来ることが恐ろしくてなりません。

こう書くだけで、鼻がツーンと痛いのです。

許されるまで成城にいてもらいたい。

一緒にいてもらいたいのですが……。

ファンの方からお花をたくさんちょうだいいたしました。

十月二十九日　裕さんの夢を見る。

顔も見える。きげんがよくない。何か私の書いたものを読んだらしく、

「あんなこと書いてよくないよ」

とおかんむり。

病気をする前で顔色もよく、黒く、日に焼けて健康的。

ダイニングルームの裕さんの席。体調のよいときは、ここでとる食事に、とても満足していました。

四十歳くらい。私は何を読まれたのだろうかと心配しているが、しかし、読まれて困ることはないと、やや安心していた。

顔が見えただけでもよい。

元気でよかった。元気でよかったです、裕さん。

永遠に目覚めることがなければ……

十一月四日

今朝は、ゆうべからの雨がやまず、冷え込んで、身も心も寒々として、寂しくて、悲しくてなりません。

目覚めなければ、永遠に目覚めることがなければ、本当に良いのですが。寂しい思いも悲しい思いもしなくてすむのですがね。

そちらは寒くないでしょうか。

冷え込むことが一番、よくないので、心配でなりません。腰痛にも影響大ですものね。

靴下だけはいつもつけておいて下さい。

いろんな方が見えて下さって、いろんなことをしていただきました。

あなたに首ったけの人ばかりです。

逢いたくて〳〵たまらないのですね。

今、何をしていらっしゃるのでしょうか。

もうおやすみですか。それとも、そちらにも映画界があって、おなじみのスタッフの方たちと楽しく映画作りに励んでいらっしゃるのでしょうか。

それとも、大好きな海でセーリング中かもしれませんね。

何せ、何もご連絡がないので、勝手に想像しております。

できましたら、ご招待券を送って下さいませんでしょうか。

裕さん、とても逢いたいです。

おやすみなさい。

十一月二十四日

ホノルルへ、昨年の今日、出発。

もう当分の間書きません。

もうやめました。


十二月六日、裕さんの夢を見ました。

〈はっきりと、四十歳くらいの元気な姿――。チェックの上下、えんじ、茶色に黒っぽいストライプ。一度、目の前に現れ、すぐにどこかに出て行き、また間もなく、私の前に現れ……。口は開いてくれず、しかし、本当に元気だった〉

夢から覚めたとき、忘れてはいけないと思ってすぐに、メモをします。

几帳面すぎて、よくないのかもしれませんが、書き留めておかなければ、の気持ちが強いのです。

十二月三十一日

五十六年の暮れ以来、日本で大晦日を迎えることになるが、まさか一人でとは、夢にも思わなかった。

昨夜、あなたの特別番組がテレビ朝日で放送されましたが、まだ私には、あなたの声すら聞く勇気が出ません。

ビデオテープは、必ずとりますが、何年先、それを……。しかも、生涯見られないかもしれません。

悲して、寂しくて。あなたを思えば、思うほど、気持ちがどんどん落ち込んでしまう。

どうにもなりません。

二十七日に、すばらしいあなたのお部屋ができ上がりました。

屋久杉の木目の美しさのところへ、北沢氏の彫刻のみごとさと、坂本氏の芸術がみごとに噛み合って最もあなたらしく上品で深みがあり、どっしりと、格式があり、そして、あなたにふさわしいお部屋ができ上がりました。

真ん中に座ったお姿は、ゆったりとしてとても、素敵です。よかったですね。

今、何をしていますか。

セーリングでしょうか。それともゴルフ。それとも、まさか病気なんか……。思うと心配でたまりません。

でもそちらは病気とか怪我とかないところとお聞きしていますよ。大丈夫ですよね。

もう大晦日です。

では休むことにします。

では、おやすみなさい、裕さん。

二階のプレイルーム。裕さんがいちばん好きだった赤い椅子に腰かけ、親しい友人とお酒をくみかわし、チェスに興じた、最も楽しかった部屋。

昭和六十三年一月一日

一人で新年を迎えました。

とても寂しくてたまりません。祝い事もしませんので、普通の月変わりと思っております。

遠藤氏がご子息と、伸晃（注・兄慎太郎氏の長男）がお参り下さいましたよ。

今年からは、自分のことは自分で処理しなければなりません。

当たり前のことですが、どんなことになるのでしょう。

レコード大賞特別賞をいただきましたよ。

これで三度目ですね。

そちらにいかれてから、たくさん賞をいただきました。

お帰りになられるまで、大切に保管しておきましょう。

まだお帰りになれないのでしょうか。

お迎えにまいりたいのですが、どちらへ出向いたらよろしいのでしょうか。

なるべくお早くお返事を下さい。

お願いいたします。

日刊スポーツで、今年の十二月二十八日、裕次郎の誕生日にと映画賞が設けられることになり、石原裕次郎賞、石原裕次郎新人賞が新設されることになり、一面にとても大きく報道されました。

あなたなので、新設されたとのことです。

夕方、六時より「風と共に去りぬ」が放映されました。

あなたがご覧になっていらっしゃらなかったので、早速お部屋のＴＶをつけましたが、やっと見られたわけですね。

いかがですか。五十年前の作品なので、少し時代感覚がズレておりませんでしたか。

いかがですか。

おやすみなさい。

一月十七日

早くもあなたが眠られまして、六か月になりました。

でも私はもちろん、皆さんも、昨日のことのように思っております。有難いことですが、今もなお、月命日には、大勢の方々から綺麗なお花をたくさん頂きます。

お花に埋まったあなたは、うれしそうなお顔をしておられますね。

そちらもお花は、唸《うな》るほどあるとお聞きしておりますが、いかがでございましょうか。そちらのお珍しいお花でも送って下さるとうれしいのですが。

なんと裕さん、私としたことが、何十年ぶりに足を捻挫《ねんざ》して、痛い思いをしております。

年をとった証拠ですね。運動神経が相当に鈍ってしまっておりますね。

この分では、あさっての葉山のマンションの整理行きは、無理かもしれません。

でも決めたことですから、一日も早くすっきりしないと気になります。

裕さん、今、何をしておられますか。

お知らせ下さい。

お願いです。

恋愛中に贈ってくれた『ルビー』のレコード。裕さんのいちばん好きな曲。

一月二十一日、雨

十九日に葉山の整理に大塚氏と行ってまいりました。

相変わらず車に酔って、たいへん苦しい思いをして、やっと辿《たど》り着き、気分が落ち着いたところで、片づけ始めました。

五十三年にあなたと、足を運んで買ったあなたのインテリアで素敵なバーが出来上がり、二人の自慢のマンションでしたが、なんとなく使用の機会がないまま、結局は縁がなかったのですよね。

ものすごい悲しい出来事が起るとは、夢にも思いませんでした。

大勢の子供をつれたあなたの夢を見ました

二月十五日

本当にあなたはいなくなったのでしょうか。

ますます、七月十七日が嘘のような気がして、悲しくて寂しくてどうしようもない。

墓地の完成が近づいてきております。

あなたがこの家を出られるなんて恐ろしい。何とかならないでしょうか。

皆さんがいつでもお参りできる近いお寺、ということで、いろいろ考えて、横浜市の鶴見にある、総持寺に決めました。

ぜいたくといわれればぜいたくな大きな墓地です。

でも裕さんは、自分で働いて、自分で残していったのです。

裕さんに使ってもらうのは当たり前なのです。

もう一つは、私たちには、子孫がいないわけですから、裕さんに使い果たして当たり前なのです。

だから、私は、自分のお葬儀代だけでいいのです。

あとは、裕さんに使い果たそうと思っています。

屋久杉のお仏壇もこれだけの木目を合わせたものはもうできないといわれています。

ですから、日本国じゅう探しても、これほどのお仏壇はできないというものができました。

裕さんの住まいであり、裕さんの部屋ですから、裕さんに当然な住まいと部屋——。

つまり、墓地も住まいです。

それが、いま、裕さんに私がしてあげられる唯一の世話なのです。


三月二十二日　久しぶりに夢をみる。

彼を囲んで、七、八人の男女の子供……。小学生くらい。

「これからこの子供たちにご飯を食べさせてくるよ」

と三十五、六歳くらいのあなた。

天気。上着、茶と赤の落ち着いたチェック。ズボン、濃いねずみ色。

私が子供たちが小さいので未成年として周囲《まわり》が大変と反対する。

「大丈夫だよ」と言い、くるりと後ろを向き、子供を連れて出かけてしまう。

カーペットはすべて裕さんの好みで特別に織っていただきました。特に、このダイニングルームの入口には、ふたりのイニシャル〝M・Y〟を織り込んだのが自慢のひとつ。私はでき上がるまでそのことを知らなかったので、とても感激。

顔ははっきりしている。

浅黒く、日焼け、健康そのもの。美しい顔立ち。

三月二十四日

字を書くのが嫌な日が続く。

書くことが嫌なのです。この一か月の中で、さまざまな出来事があったことはたしか。

しかし文字にすることは嫌なのです。

別に内容は、悪くも、また特別変わったこともないのに、文字にするのがたまらなく嫌なのです。

今日は、取り留めもなく書く気になりました。

三月十三日には、やっと御神輿《おみこし》を上げ、太宰府のメモリアル・パークの開園式に、飛行機に乗り九州まで行ってまいりました。

想像していた以上にすばらしい、メモリアル・パークの出来上がりでした。

三月十四日の開園式の雨の心配をしながら、十三日は晴天で、まさか明日には雨天とは思えない快晴でした。

しかし、心配していたとおり、十四日は雨。

なんと荒金管長様（注・方廣寺管長）のあなたへのお話に入ったとたん、一分間ほど本当にひとしきり強い雨が降り、テントの天井を叩きつけるがごとく。

ああ、あなただな、と思いましたよ。

総持寺の開眼供養のときも、降るのでしょうか。

四月二十二日

開眼供養の日が五月二十三日大安に決まりました。

あと、まる一か月しかありません。

できることなら、宗教の戒律を犯しても、成城の自宅からお別れするのは嫌なのです。

ただ、そちらで、あなたが居心地が悪くなるようなことになっても困りますので、これ以上頑張るわけにもいかないのです。

本当は、私だけの秘密があるため、少々、落ち着いておられるのです。

あなたには、あとでわかります。

四月二十二日で、もう日記を書くことをやめました。

書くことないのです。書いても同じことの繰り返し……。

ですから、日記は以後、白紙のままです……。

この一年間、私の落ち込みがあまりにもひどいから、裕さんをあきらめる手段を何度も考えました。

裕さんのいろんなことを考えるのです。考えながら、あなたの欠点を一生懸命探します。少しでも早く立ち直れる手段として、裕さんの嫌いなところを、思い浮かべようとするのですけど、いくら頭に描いても、せいぜい一つしか浮かばないんです。お酒、百パーセントお酒の好きな人。

でも、これでは、嫌いになる決定的な理由にならないのです。

そんな人って世の中にいっぱいいると思いますから。むしろそれさえも私の好きな裕さんなのですから。

あの人の声、あの人のしぐさ、あの人の哀しみ、あの人の喜び、あの人の笑顔、涙……。その一つ一つの想い出を、どんな小さなことまでも、この掌《て》のひらから零《こぼ》したくないのです。

毎朝、裕さんにお茶とお水、大好きだったお酒とタバコ、そして、季節の果物などをお供えします。それから読経、写経をするのが、いまの私の日課。

五月二十三日、納骨式の日。

裕さんはまた雨を降らせました。成城から総持寺への車中、もうみなさんは慣れっこになってしまって、その話はしませんでした。

裕さん！　あなたにふさわしい立派なお墓が、完成しましたよ……。

阿部ご老師が読経を始められると、いっそう強い雨足になり、一陣の風が舞い降りました。裕さんが会いに来てくださったのだと思い、胸にした位牌を強く抱き寄せました。

……いま裕さんに会っている、そんな思いに、胸が張り裂けそうになりました。

雨は、あちらで裕さんの乗ったヨットの波しぶきなのでしょう。けっして涙雨ではなく、大好きだった海でセー

リングを楽しむ裕さんのヨットの波しぶきなのでしょう。

大勢の友人たちに囲まれてヨットを楽しむ裕さんの笑顔が目に浮かびました。

五輪の塔に、裕さんの戒名「陽光院天真寛裕大居士」に並べて、私の安名「麗光院裕室真樹《しんき》清大姉」を赤い字で彫っていただきました。

裕さんに見守ってほしいと彫った歌碑。

美しきものにほほえみを
淋しきものに優しさを
たくましきものに
　さらに力を
すべての友に思い出を
愛するものに永遠を
心の夢醒めることなく
　　　　石原まき子

この日、裕さんは土に返りました。

また今日も一日が過ぎます。
裕さん、おやすみなさい――。

第二章　〝出会い〟そして新婚時代

裕さんに初めて会った日

私と裕さんとの出会いは、昭和三十一年四月十四日のことでした。ちょうど私が新藤兼人監督の日活作品『流離の岸』の山口ロケを終え、撮影所に帰ってくるなり、当時プロデューサーだった水の江滝子さんに声をかけられたのです。

「マコちゃん、石原慎太郎って知ってる？」

「ええ、『太陽の季節』の……」

「その弟でね、とってもおもしろい子がいるの。マコちゃん、この次一緒に仕事するようになると思うから、ちょっと会ってくれない」

水の江さんに連れて行かれたのは、『太陽の季節』を撮影中の第三ステージ。ナイトクラブ

昭和31年。ふたりの初対面——。『狂った果実』の最初の打ち合わせで、場所は日活撮影所の食堂。このときの新鮮な印象は、昨日のことのよう……。

のセットが組まれていて、私が入っていくと、白い背広を着た背の高い青年がふたり。二階から同じような格好で覗いていました。

それがファンファン（岡田真澄）と裕さんだったのです。

「裕ちゃん、裕ちゃん」と水の江さんはその一人に手招きをし、私に紹介してくれました。

「はじめまして、北原三枝です」

「あ、どうも。石原裕次郎です」

昼食事のせいもあってみんなで食堂に向かいはじめましたが、テレくさいのかその人、サッサッサと私の前を歩き、例の長い足で、何メートルも先に行ってしまうのです。

そのスマートな後ろ姿がなぜかさわやかに感じられ、強い印象となって私の脳裏に残りました——。このとき運命の予感を感じたのかもしれません。

　私にとってはこの日が裕さんとの初めての出会いでしたが、実は裕さんはそれ以前に私に会っているらしいのです。『太陽の季節』に出演が決まった直後、日活撮影所に行けばもしかしたら北原三枝に会えるかもしれないと、一緒に飲んだ慶応の同級生と半分二日酔いみたいな感じでやってきたとか。

　するとたまたまそのとき、私が正面玄関から出てきたので、これには当の裕さんがいちばん驚いたそうです。私は何かのパーティに出かける寸前だったらしく、ドレスを着込んで男優さんの車にそそくさと乗り込んだものだから、その瞬間、「なんだぁ、女優なんて」と、期待を裏切られたような気分になったようです。女優・北原三枝にファン意識を持っていただけに、気をそがれたのは確かでしょう。

　あとで裕さんは、このときのことを私に繰り返し聞かせてくれましたが、もちろん私には記憶がないこと……。

　ですから、私の初対面と彼の初対面とはまるで印象が違う、ということになります。

　それから数日後――。次回作の『狂った果実』で裕さんとの共演が決まりました。

　裕さんの弟役には、長門裕之さんの実弟で当時高校生だった雅彦ちゃん（津川雅彦）が抜擢《ばってき》されました。

ところが、クランクインしていきなり私は、裕さんに驚かされてしまいました。なんと、俳優としてはズブの素人の裕さんが、

「ぼくらの世界では、こんな言葉は使いません」

と、台本にダメを押すのです。私は先輩らしくあわてて、彼に注意しました。

「あのね、石原さん。映画というものは台本どおりにセリフを言って、監督さんのおっしゃるとおりに演技をするものなんですよ」

「はぁ、そうですか」

そのときは納得しても、いざ芝居を始めるとやはりうまくいきません。そんな彼を見て、中平康監督も考えられたのでしょう。この男は既成のワクにはめ込んではダメだと。

「いいよ、裕ちゃん。キミの思うように自由にやってごらん」

監督の言葉に、裕さんは水を得た魚のように新鮮な、型破りの演技を次々と披露しはじめました。

それがあの映画を面白くし、ヒットさせたのだと思います。

――なんという人なんだろう！――

これまでに見たことのない新しいタイプの俳優の出現に、私は思わず唸《うな》っていました――。

その魅力に惹《ひ》かれていく私

私が裕さんに惹かれはじめたのは『狂った果実』の撮影後半からだったでしょうか……。そのころから、この人には何かしてあげたい――そんな気持ちが芽生えはじめたのです。それまでいろいろな方と共演しましたが、撮影が終わってプレゼントをさしあげた人なんて、だれもいません。それが裕さんだけには、何かプレゼントしたいという気になったのです。

そうだ、彼、いま時計を質に入れて持っていないからそれにしよう。不自由だろうし……。

そう思って、銀座のお店で当時五万円もするオメガの金時計を贈ったのを覚えています。

三十一年ごろの私は高額なギャラをいただいてました。

それでも当時の五万円といえば、大卒の初任給が七、八千円の時分でしたから、やはり相当な奮発でした。

ふたりの記念に……ということで贈ったわけですが、裕さんはその後もずっと大切にしてくれました。

裕さんの出演料はといえば『狂った果実』では、税金を引かれると一万八千円。水の江さん、所長がおこづかいをあげていたような時期でした。

そんな彼でしたけれど、「高価なものをもらった」という感覚ではなく、

昭和31年。裕さんの初共演の『狂った果実』、葉山・長者ヶ崎で撮影のとき。合間を見つけて、ふたりでふざけ合い……。このころが恋の始まり。

「あっ、持ってないものをもらってよかった。いま、僕は時計がなくて不自由していたんだ」

とおおらかな喜び方でした。

戦前から石原家の生活水準はかなりなもので私と出会ったころも裕さんはすでに高価なものを身につけていました。ですから、裕さんは高い品物をもらったという実感がなかったと思います。

私が裕さんを好きになった理由は、やはり相性だと思います。彼の話し方や笑い声、すべてがなぜか生理的に合ったのでしょう。どんな乱暴な話し方をしても、何をしても、みんな私にはよく見えてくるのです。

それにもうひとつ、裕次郎という人は私に対して、非常に純粋で素直だったのです。「僕はこういう人間なのだから、こうなんですよ」

ということを、意識してつくる人間ではありません。私の前でもほんとうに自然児で、そんなところにスケールの大きい魅力を感じたのです。

一方、彼の〝好きなタイプの女性〟というのは、撮影所内ではかなり有名な話になっていました。

「僕の好きな女の子というのは、すれ違ったときに洗いたての石鹸のにおいを感じさせる清潔な人。木綿の白いブラウスに紺のスカート。そういった感じがたまらなく好きだ」

そんなわけで、裕さんは最初から私がお化粧することを嫌いました。特に派手な口紅や、マニキュアを嫌いました。

『狂った果実』のあと共演はしばらくありませんでしたが、日活は仲間意識の強いところで、撮影所で顔を合わせたりすると、すぐにみんなで盛り上がってしまいます。ですから私たちは、しょっちゅう一緒でした。また、仕事がオフのときでも、彼はよく電話をくれました。お友達とお茶を飲んでいたりしても、

「北原三枝は今ごろ何しているかなあ。ちょっとお前、電話かけてくれよ」

となるのだそうです。

「あっ、石原さんですか。お昼どうなさっているの。じゃ、お食事しましょうか」

「いいですね。それじゃ、何かごちそうしてくださいよ」

昭和31年。初共演、最初のカットがいきなりキスシーン。私は演技は経験ずみでしたが、裕さんはアガってガタガタ震えて、純真そのものでした。

こうしてデートは成立し、お友達も含めて大勢で天ぷら屋さんに行ったり、飲みに出かけたり……。そんなプライベートなおつきあいを続けるうちに、ごく自然に結婚を意識するようになりました。ああ、私は絶対にこの人と結婚するな、と信じるようになったのは、その年の暮れのことです。

といってもおかしな話で、はっきりしたプロポーズはありませんでした。

「結婚してくれ」とか「お嫁に来てくれ」ではなく、いきなり一足飛びなんです。

「僕はこういう家庭が理想なんだ」

あの人の一種の照れ隠しだったのです。

不思議なことに私のほうもそれを当然のことと受け止めていて、お互いに「当然結婚するのだ」というおつきあいになっていきました。

アメリカ逃避行のころ

翌昭和三十二年に『勝利者』で再び裕さんとコンビを組みましたが、この作品は大ヒットで、彼は日活の、というよりも日本映画界の新しいタイプのスターとなりました。

そうなると今度は周囲の目が気になって、私たちは気軽にデートができなくなりました。そんなふたりの気持ちを察知し、防波堤になってくださったのが、水の江さん。当時、裕さんは成城にある水の江さんのお宅から撮影所に通っておりました。その水の江さん宅で、私たちは会うようになったのです。

裕さんとしてはできるだけ私と長く一緒に過ごしたかったらしいのです。だから水の江さん宅へ伺うと、なかなか帰してくれませんでした。このように私たちをあたたかく見守り、理解してくださった水の江さんには、ほんとうに感謝しています。

仕事のうえでも、また私生活の面でも呼吸のぴったり合った裕さんと私は、引き続き『今日のいのち』『俺は待ってるぜ』という二本の作品を連続ヒットさせました。

十四歳から芸能界に入っていた私ですけれど、裕さんが初めての男性《ひと》でした——。

若いふたりが愛し合い、真剣に結婚を願っても、実際にはいろんな障害が待ち受けていました。その障害のひとつが私の母でした。

私の家族は東京の人間ではあるけれども、どちらかといえば田舎者。ごく普通の人ばかりなので、石原裕次郎という人物が進みすぎた人に見えたのです。「うちのまき子が、あの人のお嫁さんになれるだろうか」とよけいな心配をし、よい返事をくれません。

「あれはマスコミがつくり上げたイメージで、彼はとっても責任感の強い男らしい人なの」と、私がいくら説明してもなかなか納得しないのです。私の兄弟たちは日活の人たちから裕さんの人柄を聞いていたので理解してくれていましたが、母がなんとしてもダメなのです。

このままではまずいなと思い、まず、裕さんの人柄を知ってもらえれば、ということで私の家に彼を頻繁に連れて行くようにしました。思ったとおり、父が先に裕さんを理解してくれ、交際を認めてくれました。ところが、母だけはまだ合点がいかない風で、首を縦に振ってくれません。

昭和31年。時計を質に入れて不便だった裕さんに、共演記念に私がプレゼントしたオメガの腕時計。30年前の当時からずっと大切にしてくれました。

私はそのことを裕さんに伝えました。すると、裕さんは、実力行使に出たのです。何かにつけて「お母さん、お母さん」と、もう、私をそっちのけで母一辺倒。しだいに母のかたくなな心もやわらぎはじめ、裕さんに傾いていきました。

それにしても、裕さんの目上の人に対する礼儀正しさには、ほとほと感心してしまいました。

やがて私たちが結婚を前提に交際していることが、日活内にも知れ渡るようになりました。スタッフは皆祝福してくれましたが、今度は会社の幹部が猛反対を始めました。

これが大きな障害となりました。スター同士の結婚となると、映画の興行成績が下がるというわけです。ふたりを引き離すには共演を断ち切るのが一番だというので、ある時期ふたりの予定されていた共演作品が一、二本ストップしたこともありました。

しかし、私たちはそんな障害にもめげずに愛を育て、またもや実力行使に出ました。昭和三十四年一月十三日、裕さんとふたりでニューヨークに飛び立ったのです。この婚前旅行は結婚を反対する会社への、ふたりの強い意思表示でした。しかし、後を追うようにして届いたのは「ケッコンユルス　スグカエレ」という電報でした。

じつは帰国した羽田空港での記者会見の席で、私たちは婚約を発表することになっていたのですが、とんだハプニングが起きてしまいました。ある記者さんが質問したのです。

「ねえ、裕ちゃん。もう既成事実をつくったんだから、結婚するんだろ。いつ？」

その言い方に反発したのでしょうか、裕さんが突然ヘソを曲げてしまったのです。

「しないよ、俺は。結婚なんか……」

売り言葉に買い言葉で、楽しみにしていた婚約発表は幻に終わってしまいました。若いころの裕さんは向こうっ気が強かったので、一度ヘソを曲げたらホントに依怙地《いこじ》になってしまいます。テコでも動きません。私は隣の席にすわっている彼の横顔を眺めながら、ため息をつきました。

――ああ、この先、裕さんと無事に結婚できたとしても、私が女の意地を通すのは無理なんだろうなあ――

結婚を否定したばかりに、困った事態が起きました。私たちはすでに成城一丁目にふたりの新居を用意してあり、帰国したらまずそこへ行くことになっていたのです。

――成城では裕さんのおかあさまが待ってらっしゃるのに、帰れないわ、どうしよう……。

私は気が気ではありません。とりあえず食事を、ということでマスコミの目を逃れ、私たちは知り合いのお店に行きました。そこから電話を入れたところ、おかあさまは待ちくたびれて、もうカンカン。

「おふくろ、そんなことといったってね、こういうわけで素直に帰れないんだよ」

低姿勢の裕さんに、おかあさまはピシャリとおっしゃいました。

「何いってるんですか。将来結婚するふたりが、なぜ素直に帰ってこれないの。写真撮られたっていいから、マコちゃんと一緒に早く帰ってきなさい」

結婚を決意したふたりがコソコソする必要はない、という考えだったのです。

裕さんからの恋文《ラブレター》と私の手紙

結婚前、裕さんは多くの手紙を綴ってくれました。ケンカの後、謝りながら心情を語ってくれた手紙、旅先からの手紙。そして私からの返書。この手紙の中に青春をひた走る裕さんの息づかいが伝わってきます。三十年代の手紙で、旧かなづかいなのも懐かしい想い出です。

僕だけの〳〵マコ、ハーイ〳〵

こんな冷い戦争もういやです。

僕は本心でさっきマコにあやまった積りなのに……。

昼ゴハンの時は確かに〳〵僕が悪かったのです。

昨日からあんなに心配かけておきながら、あんな事言って我儘ばかりゴメンナサイ。

マコが来て、ラジオ聞いている間、マコの部屋でお風呂に入りいまくるか〳〵と待ってましたが、とう〳〵来なかった。

部屋に帰ってマコの本ずっと〳〵見てました。無性に淋しくなって、ビール一本のみました。

そして、マコと僕の唄誰もいなかったので大声で何曲も……何回も唄いました。

でもマコは来なかった。マコがおひる泣いた様に僕も少し泣きました。唄って〳〵唄いながら泣きました。

何んでこんなにならなければならないの？

皆々僕が悪いのですね？　僕は大バカ者‼

マコの気持わかりすぎる程わかってるの……

だから我儘ばかり言うんだ‼

逢いたくて〳〵とせうがない。しめ殺す程抱きしめたいけど僕の足がマコの部屋に向かないの……。

一人ぽっちで燃えしきるダンロの火とニラメッコ……塩っぱい涙が口に這入って来ると……　泣いたマコの目にキスした味を想い出す。

僕達程いや僕程幸せ者はどこさがしたっていやしないね、大好き〳〵、〳〵、〳〵、マコ今何してるの……。

僕と同じ事考えているの？淋しい？悲しい？一人でいると何んだか大声でどなりたくなる様な変な気持。

昨日までのマコとの楽しい〳〵想い出一つ一つ思い出して慰さめてんだ……。

僕はもう泣かない……。マコも泣かないで……二人一緒でなくても、何時も〳〵お互の事しか考えてないんだもん。マコの事で皆んな〳〵一杯!!

マコ麻雀なんかしないで早く寝て下さい。

麻雀やっても僕の死に神がつきますヨ。

仕事が終って皆んなが寝静まってから時間を見てマコの所へ行きます。

カギはかけないで置いて下さい、必ず、必ず必ずね。

その時だったら、マコにすなおにあやまる事出来ます。

ハーイ〳〵

わがままなマコの僕より

＊

お手紙、途中で読むのがいやになってもけっこうです。でも、どうしても書かなければなりませんので……。

もし、最後迄、よんで下さったら、貴方の気持で私と絶交しても仕方がありません……。

ふたりの交換ラブレターは大きな文箱に大切に保管しています。ほとんどが裕さんからのもので、ケンカしたあとにめんめんと謝った文も……。

今、電話を切って、いろいろ考へてみました。

同じ仕事をもつ人間の恋愛のむずかしさ、何《い》時《つ》日《か》は此の様な問題にぶつかるとは、思って居ました。

今度の件は、どう考えても私の方が完全に悪い、貴方と一緒に九州へ行くのがいやなのではありません。

〝女子寮……〟の事でいろ〳〵もめたのは、貴方も御存知のはずです。

話のじゅんじょで、此の様な事になってしまいました。其の中には私の立場もあり、そうしなければならない事情もある事を知って戴きたい……。

つまらないよその仕事なんか、ことわれば良い事は自分で人に云われる前に良く知って居るのです。

でも、何でも自分の思ふまゝになれば其れにこした事はありません。しかし、男の人と女の人の違ひがあり、又、立場の違ひもあるのです。

今度の事で誠意がある無いの一言にきめられては、私はどうして良いか、わかりません。たとへば、夕べの例を上げますけど、貴方も俳優をして居ればこそ、遅く迄、皆と、つきあわなければならないのです。

此の様な事が、これから、もっと〱たくさんになって来るでせう。

お互ひに我慢をしなければ仕様が無いのです。

あまり私に気をつかって、貴方自身の立場を悪くする様になってしまふのです。

貴方は、これからの人ですし、もっと自分を大切にしなければいけません。

私には力が無いので貴方にたいして、何もして上げられませんでした。それに、どん〱進んで行く貴方に、ついて行かれそうもありません。

私は、とても〱遅れて居る人間ですので……。

でも、貴方にたいする愛情では、誰にも負けません。今貴方と別れて一人になったら、どうなるか……。これも仕方がありません。みんな自分が悪いのですから、貴方の思ふ通りにして下さい。

この様な事を書く私の気持、少しでもわかって下さったら、それだけでも幸です。

しかし、悲しい別れ方だけはしないで下さいね。

お願いします。

貴方が私をきらいでも、私は何時迄も好きです。

裕次郎様

＊

お電話切ったすぐ後ペンを取って居ります。

雑誌の原稿の方は途中ですが明日に廻す事にしました。

だって本当に短かい時間ではありますが、僕にとって一日で一番楽しい嬉しい時が電話でマコちゃんとお話する事なんです。

勿論逢ってる時は言う迄もなく最高……

だから僕は電話は切れてもその楽しい一瞬の想い出をキープする事につとめます。

先ず例のサム・ティラーのレコードをうんと小さな音にしてかけます。聞きながらマコちゃんと今電話で話した事、思い浮かべてくり返すんです。

するとだんだん想い出は広がって行き綱をたぐる様に絶えません……　是非やってごらん

なさい？
今サム・ティラー君がかなでてくれる曲は大好きなAs time goes byです。胸が痛くなるって本当ですね。オカシナもんだナ？
このレコードは寝る前必ず一回全部かけるようになっています。
それが終って初めて僕の一日が幕と言う訳・・・・
少女趣味だナー僕は……
マコちゃんはなぜ手紙書いて呉れないんですか？
お手数でせうがもし、御迷惑でなかったら？下さいね。
レコードの方も、もう裏面のThe Very Thought of Youです。後五、六分で僕の一日も終る訳です。
今晩はよくばってマコちゃんの夢でも見よう・・・・
結構ケンカでノサレタ夢でも見るんじゃないかナ？イヤダナー
じゃ僕の大好きな僕のマコちゃんオヤスミ!!　ハーイ・・・・
お会い出来る日楽しみにしています・・・・

僕も・・・

サヨウナラ

裕次郎拝

マコちゃんへ

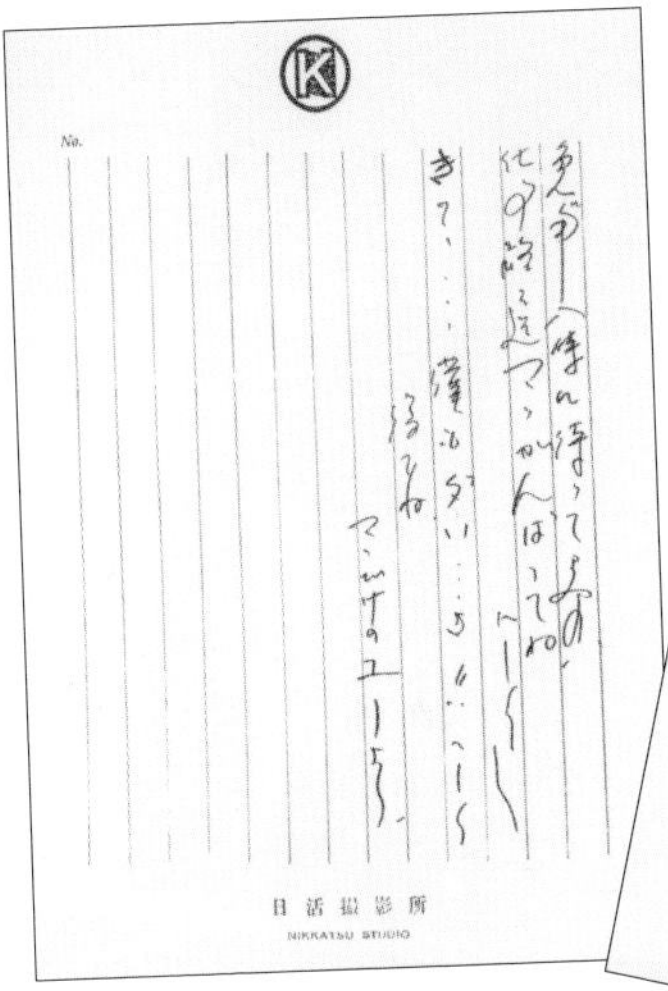

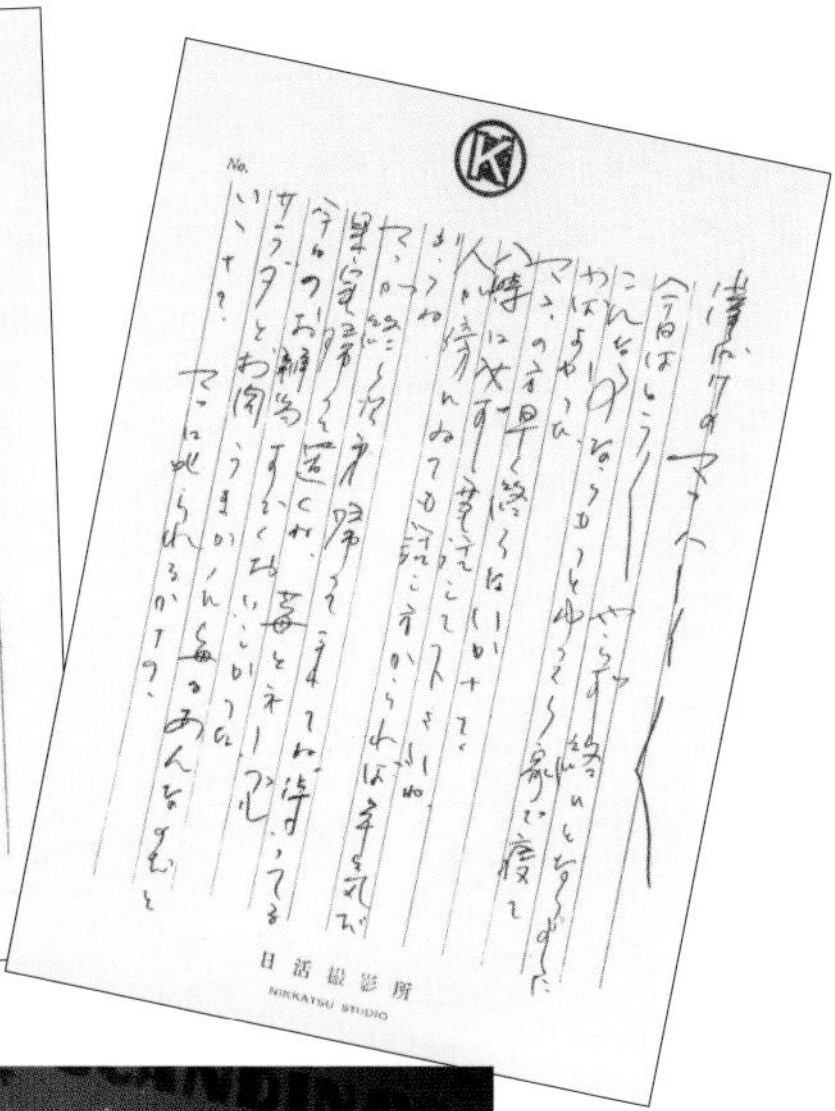

昭和35年11月。裕さんと最後の共演作『闘牛に賭ける男』撮影でスペインロケへ。この作品は、私の引退映画となり、以後家庭に入ったわけです。

＊

僕のマコ・ハーイ、〳〵
昨夜は何んとあやまってよいのか……

何んとも申しわけありません。

あの電話後どうしても抜けられず支配人・友人等が酔いつぶれる迄居てやっと横浜を出たのが二時半でした。

一時半のお約束の電話も横浜からではと思い断念致しました。

又酔った連中が何か廻りでさわぐのも可能なので何んともいえぬ思いで電話しなかった次第です。

又帰ったのも三時少々廻って居りましたのでとう〳〵涙をのんでやめました。

べんかいがましい事は僕は大きらいですが昨夜の僕の気持も御理解下さい。

マコがどう解釈し様と、これだけは貴女の勝ちです・・・・

でも絶対に信じて頂きたいのです。

僕は決してマコの他の誰のものでもないのです。

どんな事があっても、僕は絶対どこえも決して行きません。

何時迄もマコの傍に居ります。
もし気がやすまったならお昼休み昨日の様に帰宅の時間おしらせ下さい。僕も午后から多分撮影所へ参ります。僕は早く終ります。
マコが早かったら成城で逢いませう。
お電話待っています（お姉様に言ってあります）
オヤスミナサイ
乱筆にて、
裕次郎拝
十八日朝記

＊

世界の僕のマコ江
お父さんからビールを飲まされたが、今日だけは全々のめなかったヨ、ゲーだ。
映画おもしろかった？
僕はこれから一路逗子へと車を飛ばす。

明日、電話する。
楽しい夢を見ながらオヤスミ、
大好きだョ　いやオヤスミ

裕次郎

＊

ストック・ホルムから第一報―（六月十六日）

お変りなく元気な事と思う、僕も大変元気だ。

ストックと云う街は日本人の我々想像もつかぬ位にきれいな素晴しい街だ……。

緑と花で街中がうずまっている。御存じとは思うが此々は白夜で太陽が沈ずまず24時間中明るい。

真夜中の3時頃でも日本の夕方5時頃の夕焼けで時計を見てはおどろく次第。

僕の好きなビールは本場だけあってうまい。

明日コペンへ向けて発つ。

是非一度君を連れて来たい素晴しい所だョ。

やはり地球は広いものだ。こんなにきれいな国があるものかと思う位に、オーバーを着てる人がいるかと思うと、ショートパンツで歩いている者もいる。
十六ミリのカラーフィルム楽しみにネ……
お母様、皆々様に呉々も宜敷く、
コペンから又便りします
僕の大好きなマコへ――裕次郎

*

僕のマコちゃん江　裕次郎
何時迄も一緒、何時迄も二人
離れ様ったって離れられぬ二人
遠く離れていても二人は二人
世の中の最大の幸せを握っている二人
誰の者でもない、たった二人だけのもの
誰にも解らぬ二人の誓!!

昭和三十五年十二月二日、晴れて結婚

そんな紆余曲折を経て、昭和三十五年十二月二日、私たちは晴れて結婚することになりました。赤い糸の運命を予感してから四年目の、長い長い春でした。

結婚式当日から日記をつけ始めました。自称《新婚日記》――。その一部を紹介します。

昭和三十五年十二月二日、金曜日、晴天

朝八時起床。親友華子に急き立てられ、床の中から這い出す。過去数年間を振り返って感無量。ひと飛びに幸せの世界に飛び上がる日。十時に支度を始める。家族の目が私に集中する。いつもより上気した母の顔、村井先生の着付けが終わり、母のほうへ向き直ると、じっと涙をこらえる顔が私の目に映る。お母さま、本当にありがとうございました。まき子一生忘れません、どんなことがあっても。そしてお父さまも、家じゅうの皆さま、本当に本当にありがとうございます。門を出るまで母の目が頭の中を駆け巡る。荒井まき子よ、さようなら。

午後四時、日活堀久作社長ご夫妻媒酌により石原裕次郎の妻・まき子誕生。新人生のスタート。最愛なる裕次郎さま、旦那さま。まき子はあなたのために身も心もすべてを捧げます。神に誓って。新しいお義母さま、お義兄さま、お義姉さま。皆やさしく立派な、そして美しい方

昭和35年12月2日結婚。結婚式後に私の女友達と一緒に撮った、いわゆる記念写真。男は裕さんひとり。〝黒一点〟で照れること照れること。

たち。まき子は世界一幸福です。どうぞよろしくお導き下さい。披露宴も無事に終わり、日活ホテルにて十二時に二人の夜を過ごす。

この日とても残念だったのは、母が病気のため式に出席できなかったことです。そのころ身体がずいぶん弱っておりました。それだけに家を出るのがつらく、両親の前に正座し、

「長い間、ありがとうございました。私はこれからこの家を出ます。お父さまもお母さまも、どうぞいつまでもお元気で……」

そこまでいったら、涙がパーッと噴き出しました。

「なにしろ、先方さまに嫌われないように。かわいがっていただくように……」

父は東京の人ですから、一応常識的なことをいろいろいっていましたが、母は弱々しい声で、

「あんたも元気でね」

一言だけ、ポツンといいました。

その後みんなで写真を撮りましたが、みんな泣いたあとの顔でしたので、写真の出来上がりはひどいものになってしまいました。

神前で神主さんの祝詞が上がったとき、

「ああ、やっとこの人と一緒になれたんだ」

会社の事情でなかなか結婚できなかった私たち――。結婚披露宴のスピーチは感無量。皆さんの祝福がありがたく、その夜「よい家庭をつくろうネ」と約束。

そんな思いが走り、熱いものがこみ上げて、涙が止まりませんでした。

指輪交換のときに、緊張のためか、裕さんの手が小刻みに震え、うまくいかなかったことを昨日のことのように覚えています。

なぜ私は女優を捨てたのか

結婚する前までは彼のことを〝裕ちゃん〟と呼んでいました。しかし、結婚した以上はやはりけじめが大切。ましてや彼の育った石原家は格式のある家柄ですから、おかあさまの手前もあって、旦那さまを〝ちゃん〟づけで呼ぶわけにはいきません。

どう呼べばいいかしら、と考えていたときにふとひらめいたのが、石原慎太郎兄の言葉

結婚にそなえて、特別に作った洋食器のフルセット。ふたりのイニシャル（M・Y）をデザイン。大切に使い、一点も欠かさず残っています。

でした。お義兄《にい》さんは、二歳年下の弟を〝裕さん〟と呼んでいたのです。

「あっ、これだ！」

とはいえ〝裕ちゃん〟に慣れきっていたために、最初はやはり恥ずかしく、すんなりいえるようになるまでにはしばらく時間がかかりました。

彼のほうは私のことを結婚当初は〝マコ〟と呼んでいましたが、年齢を重ねるにつれて、いつしか〝ママ〟に変わっていきました。

私が「ママ」になると、おかしな会話も生まれます。

義母《はは》と三人で初めてホノルルへ旅行したときのこと、裕さんが「ママ〜」と呼ぶと、義母と私が同時に「はーい」。ふたりは思わず顔を見合わせてしまいました。

あっ、いけない。これはおかあさまのほうを呼んでいるんだから、私は少し遠慮しなくてはと思っていたら、義母も怪訝《けげん》な顔で私を見ながら、「あなたじゃない?」。

しばらくすると、また、「おーい、ママ」。

今度はふたりとも返事をしません。「ほらっ、ママ。そっちのママよ」譲り合いながらしまいには義母とふたりで吹き出してしまいました。

こういうときには気をきかせて呼び方に変化をつければいいものを、裕さんは母親がいようと女房がいようとおかまいなしの人でしたから、混乱させられることしばしばでした。

結婚と同時に私は女優をやめ、家庭に入りました。世間では「石原裕次郎が、結婚したら女は家庭に入るものだ、といって北原三枝をやめさせた」というふうに伝わっています。でも、それは事実ではありません。私自身がそうしたかったから、女優を引退して専業主婦になったのです。結婚式のときの記者会見で、裕さんがこんなことをいっています。

「奥さんは、これで仕事はやめですね」

という記者さんの質問に対して、

「いやあ、本人がやりたければいいですよ」

と、選択はあくまでも私自身であったことを認めています。裕さんは、結婚したらこうしてほしい、ああしてほしい、自分の意思はこうなんだ、などと私に指図するような人ではありませんでした。

単純に私が女優をやめたいと思った理由は、〝女優〟と〝妻〟のいわゆる掛け持ちは、どちらかをダメにすると思ったからです。ですから私は、石原裕次郎の妻のほうを選択して、女優を引退したのです。

「女優に、未練はありませんでしたか?」

と、その後も折にふれ質問されますが、ほんとうに未練はありませんでした。

ただ、女優であったからこそ、生涯を通じての最愛の人にめぐりあうことができたわけで、その意味では女優でいてよかったなと、つくづく感じます。

石原裕次郎という多忙なスターには、心をやすらぐ家庭をつくるためにも、銃後の守りをするのが妻の役目であると信じたからです。誠心誠意を持って身のまわりを世話する人が必要だと思ったからです。妻である私にはそれが当然だったのです。

〝千客万来〟の新婚時代

裕さんと毎日一緒にいられる、という甘い夢を描いてスタートした新婚家庭でしたが、私の夢は最初から、見事にくつがえされてしまいました。一緒に暮らしてみてわかったのは、彼が自分の家に友人、知人を連れてくるのがほんとうに好きだということ。まさに〝千客万来〟のあわただしい毎日。いくら親分肌の人だとはいえ、まさかこれほどとは思いませんでした。

《新婚日記》より

三十五年十二月三日、土曜日、晴天
成城の新居にて石原家の親戚の顔つなぎを行う。どうぞよろしく、まき子です。風邪ぎみ。
十二月四日、日曜日、晴れ
疲労のためか風邪ひどくなる。彼、九時セット。申しわけないけど一日休ませていただく。
夜、藤林、岩佐氏とともに日活ファミリー・クラブNG祭り（NGになったフィルムを供養するお祭り）のため出掛ける。駄目フィルムさんご苦労さま。
十二月五日、月曜日、晴れ
撮影の都合により、彼お休み。疲労ひどく、早く床に就く。
十二月六日、火曜日、晴れ
彼、九時セットにて撮影所へ。予定より早く終わり五時帰宅。六時ごろより三人とともにトランプを行う。八時ごろ水の江さんテレビを終え、ともに遊ぶ（隣が水の江さん宅）。楽しい一時。風邪治らず。

十二月七日、水曜日、晴れ

彼九時撮影所へ。毎日ご苦労さま。午後テコ、ベビーを連れてくる。並びに洋子、息子を連れてくる。我家は保育園に早変わりなり。彼六時帰宅。夜、小坂、遠藤氏来る。十二時ごろ床に入る。風邪依然。

十二月八日、木曜日、晴れ

彼、九時撮影所へ。身体も少々楽になり、お祝いの品々を整理するため、お友達に助けてもらう。立派な品々、驚きつつ。彼六時帰宅。撮影所の人五、六人でトランプ楽しむ。午前二時床に就く。

十二月九日、金曜日、晴れ後曇り

彼八時出発の都内ロケ。昨夜遅く床に就いたため眠くて起こすのが一苦労。お祝いの品の整理。六時より五反田にて試写を見る。彼姿を見せられず、四時に撮影終わってテイチクへ。八時半に彼より電話あり。お茶漬けでよいとのこと。

十二月十日、土曜日、晴天

昨夜は心配どおり午前三時。私のささやかな期待も覆される。十二月は特にパーティが多いが、中抜きしないと体が続かないと思う。遅くとも一時には帰宅してもらいたい。ゴメンネ。今朝九時セットインする。健康に注意して下さい。私の本心。午後、テコと田中筆子さん、お

昭和35年12月2日、挙式の日から日記をつけはじめました。専業主婦になった、新しい生活が新鮮で、もちろん裕さんには内緒。

祝いを持って来宅。手製のショールを下さった。とてもうれしかった。筆子さん帰宅。テコ十二時帰る。一人きりの寂しさに帰すのが辛かった。夕食にテコが焼きソバを作ってくれた。大好物のためとてもおいしかった。持つべきものは友。私は幸福。旦那さま、今夜は何時になるやら。

十二月十一日、日曜日、晴天

午後一時出発のロケで彼家を出る。三時に『週刊新潮』の水村氏よりインタビュー。結婚後の感想とやら。テコに頭のセットをしてもらう。夕方水の江家にてトランプして遊ぶ。

十時四十分彼帰宅。約束完全に破る。江守家（当時の日活専務江守氏宅）にてごちそうになってきたとのこと。大分ご酩酊。

十二月十二日、月曜日、晴れ後雨

彼午前八時出発にて、都内ロケ。昨夜のことゆえちょっと辛そう。もう少しお酒の量を減らしたらと思う。子供を早くと思いつつ、将来のことを考えると不安。雨のためセットとなり、五時、深江、黒田、坂本氏とともに帰宅。食事に少々あわてる。さすがにお酒は飲まず。夜ポーカーで楽しい一時。みなさんが泊る。寝入りに外が気になり暗い家の中を歩き回る。もう少し落着かなくてはいけない。

十二月十三日、火曜日、晴天

彼午前九時セット。会社の車にて。午後一時子供を連れテコ頭のセットに来る。三時、彼帰宅。『スポーツニッポン』の正月用の写真を撮る。並びに『週刊新潮』のキャメラマンにて仕事をする。彼、四時四十五分の汽車に乗るため、三時半伊東ロケに出発。簡単な支度でよかった。（略）今夜は一人、広い家の中でとてもおそろしい。彼から依然電話なし。ちょっぴり寂しく思う。伊東から電話あり。席を外しているため出られず。伝言をチヨさんから聞く。我々の生活もっと自由に生きたいと思う。これ以上望んではいけないのかなと思うが、とても寂しい。今夜はとても静か。一人になるとたまらなく寂しい。昔の回想にふける。この家に浅いこともあるが、本当に夫婦なのかな。彼に対して遠慮がある。いけないことだが。本当の私はどういう人間なのかな。一生このような生活を続けるのかな。いえ、これでよいのかもしれない。

本当の私はどれだろう、私とは何だろう。たとえ無であっても、私は私。

一生懸命お客さまの接待をすればするほど、私の中にしのび寄る孤独、いら立ち、未来への不安……。

わが家に来客が多かったのは、まず、裕さんが人間好きだったこと。それに、日活撮影所が近く、帰りに寄っていかれる方が多かったからです。

たとえばこのあと十二月十七日には「とても疲れた。少々頭痛。十時、彼帰宅。例によって友達を連れてくる」

「人が集まる家は栄える」といいますし、私もそれはうれしいのですが、女優業からいきなり家庭に入ったために生活のリズムが一転し、そのギャップがこのような心細い日記を書かせてしまったのでしょう。

これからもっとあとの日記になっても、「彼はまだ仕事が終わらず、早く今の仕事をやめてほしい。こんな大きな家に住まなくてよいから、毎晩一緒に夕食のできる生活がしてみたい」と書いています。また、「お母さんも一生そばにいられると思ったのに、運命とはわからないもの。ごめんなさい」「いつまでもお元気でいてください。お母さま、お父さま忘れません」続けて兄弟の名前を書いて、「あなたたちはお母さんをお願いします」と書いています。

これは当時、私の母が病気で床についていたという事情があります。それにもうひとつ気がつくのは、「……かな」とか「これでいいのかしら」と疑問を投げかけるような書き方をしていることです。つまり、そのときの状況を決定づけるような書き方をしていません。自分の感情をむき出しにしてはいるのですが、やはり遠慮する気持ちもどこかにあって、ある種の〝逃げ〟を打っています。このあたりは、「石原裕次郎の女房になるのなら相当な覚悟がいるな」という感じが鮮明に出ていると思います。

そんな私の心を読んだのでしょうか、ある日裕さんが宣言しました。

「マコ。俺はこれから、正月は最低十日間は休むぞ。ふたりでハワイに行こう。これは恒例だ」

この宣言はほんとうにうれしく、裕さんの思いやりを素直に喜びました。

こうして私たちは、お正月には必ずハワイへ出かけるようになりました。ハワイでの十日間は、私たち夫婦のほんとうのプライベート・タイムでした。この時期だけは〝石原裕次郎〟を、私は思う存分独占できたのです。三十年の長い時間にくらべれば、あまりにも短い幸せだったかもしれませんが……。

ハワイでは、最初のころはホテルに滞在していました。が、やがて他人行儀の過ごし方がつまらなくなりました。そこで、自由に食事を作れるようにと、コテージを借りることにしました。

昭和55年12月。故川口松太郎、愛子ご夫妻。一年に一度フォスタータワーでご一緒しました。おふたりは、ハワイでの〝お父様、お母様〟でした。

真昼、コバルトブルーに輝く海を眺めながらふたりでいただく食事のおいしさ。ワイングラスを傾けながら、南海での美しいサンセットに心を躍らせたものです。

海辺のコテージを借りるという状態が数年続いたあと、やがて私たちはフォスタータワーという名のアパートメントホテルの一室を購入しました。

昼間は裕さんはヨットを、私はショッピングを楽しむのが常でした。

亡くなられた作家の川口松太郎先生と三益愛子さんご夫妻とは、一年に一度、この時期にタワーで再会しました。裕さんも私もほんとうによくかわいがってくださり、親子のような生活を過ごさせていただきました。

数年前のある日、彼が錨《いかり》のペンダントを

ヨットハーバーで落としてしまったことがあります。それも困ったことに〝バース〟と呼ばれるヨットを着ける所で、海底はヘドロです。私が彼のお誕生日にプレゼントしたペンダントだっただけに、裕さんは血相を変えたとか。すると、話を伝え聞いた白人のヨットマンたちが「そりゃ大変だ！　そんな大事なものは絶対探さなきゃいけない」などと、捜索に参加してくれました。

西洋人は夫婦間のプレゼントなどをことのほか大切にする考え方があるから、ことの重大性をいち早くのみ込んだのです。

次々に海に飛び込んでは、ザルでヘドロを払う。海底にヘドロが舞い上がり視界ゼロ。水中が澄むのを待って、またザルで……。まる一日、何十回、何百回と潜って、そしてとうとう見つけてくれたのです。「砂漠に針」とか「砂漠でボタン」などといいますが、まさにそれと同じ状況の中から探し出してくれたのです。

「ママ、すごいよ、奇跡が起きたんだ！」

海の男たちの友情を体全体にみなぎらせて話す裕さんのホッとした目を見ながら、私もいいしれぬ幸せな気持ちにひたったものでした。

二十数年前には、いかにも裕さんらしいこんなエピソードもありました。

裕さんのヨット好きはもうあきれるほどで、なにしろ帰国する飛行機の出発時間ギリギリまで、海を離れないのです。そのときも私は空港で裕さんと待ち合わせることにしていましたが、彼はなかなか現れない。乗客は全員、すでに飛行機の中。

当時、自由渡航になる前で乗客ものんびりした時代です。それでも、

「どうしたんだ?」

「日本人がひとり、まだらしい」

「日本のイシハラという、ムービーアクターらしいよ」

そんな声が聞こえるたびに、私はもう気が気ではありません。自分でも顔が青ざめていくのがわかりました。すると、空港ビルの中からズブ濡れの真っ赤なショートパンツ姿の男が飛び出してき、水をしたたらせながら、懸命にこちらに向かって走ってくるではありませんか。

「もーっ」青ざめた私の顔は、こんどは恥ずかしさのために真っ赤になりました。

時間がないので、とにかくそのまま彼を乗せ、飛行機の中で着替えをさせましたが、そのときの乗客の爆笑がいまは懐かしい想い出です。

そのあとがまた、いかにも彼らしいといえます。名残惜しそうに窓からハワイの海を眺めていましたが、ついに見えなくなると、今度はとたんにションボリしてしまうのです。「まるで子供みたいな人」。そばで見ていて気の毒なくらいでした。

でも、スチュワーデスのアナウンスで間もなく日本に着くころには、今度は見違えるほどシャ

キッとなる。いつの間にか〝石原裕次郎〟にもどっているのです。思いきりのいい人でしたし、また職業意識が自然にそうさせたともいえましょう。するとこんどは入れかわりに、私のほうがちょっぴり憂鬱《ゆううつ》になってくるのです。

——ああ、また多忙な裕さんの生活が始まる——

つかのまのハワイ生活で味わうそんな複雑な気持ちの変化も、いまはもう、永久に失われてしまいました。

一度目の奇跡！　スキー事故

結婚した翌年の一月に発売された裕さんのレコード『銀座の恋の物語』が、空前の大ヒットとなり、二百七万枚という大記録を打ち立てました。仕事も順調で家庭も円満。順風満帆の新婚生活でした。

ところが、昭和三十六年一月二十四日、思いもよらぬ突発事故が起きたのです！

その日私たちはおくればせながらお正月休みをいただき、志賀高原ブナ平でお友達と一緒にスキーを楽しんでいました。裕さんはお父さまの仕事の関係で小学生時代を北海道で過ごし、スキーの腕は一流です。でも私はそんなにうまくないし、ケガをして他の人に迷惑をかけてはいけないので、「もっと上のほうに行こうよ」という彼の誘いを断りました。

「私はここで待ってるから、みんなで先に行って。裕さんたちが降りてきたら、私もここから一緒に滑るわ」

するとは裕さんは、途中で待ち合わせるのが面倒くさいと思ったらしく、

「もう、いいから、いいから。じゃ、ここでみんなで滑ろう」

結婚翌年の昭和36年１月。スキー事故で骨折のため八か月入院治療。退院後、山梨県下部温泉と山中湖で療養。つらかったあとの楽しい一時期。

そういいながら、一足先に行ってしまいました。あわててお友達と一緒に後を追ったところ、下のほうで雪煙が上がったのです。裕さんは横から出てきた女性スキーヤーをよけそこなって、雪の中に倒れていました。

それからはもう、気が動転して、何がなんだかわかりません。何か事があるとすぐあわてふためき、冷静さを失うというのが私のいちばんの欠点なのですが、とにかく、スキーをどうやってはずしたのか、どんなふうにして彼のもとへ走り寄ったのか、記憶はすっかり欠落しています。

救急パトロールの方がすぐに駆けつけてくださったのですが、あとで聞けば右足を二十二か所も複雑骨折するという大事故。内出血しているために、スノーボートで運ばれる途中からみるみるうちに、まるでズボンを引き裂こうとでもするかのように、足がパンパンにはれ上がってくるのです。救急隊の方は慣れているから、沈着冷静。対する私は半狂乱。

「裕さん、しっかりして！　ハサミありませんか。どなたかハサミを！」

あんな雪の山の上にハサミなんかあるわけがないのに、周辺をうろうろ探し回ったり……。

ハサミはありました。救急箱の中に。

ズボンを脱がすことができないのでハサミで切り裂いたとたんに、ブワーッと足がはれ上がり、内出血のあまりのすごさに、ああ、裕さんはこれでおしまいか、死ぬのではないかと思うと、涙がポロポロこぼれました。

それにしても、男の人はなんとがまん強く、冷静なんでしょう。裕さんは、激痛に耐えながらも衝突した女性がマスコミ報道の渦に巻き込まれるのを心配しているのです。

「早く、向こうに行きなさい……。絶対に、自分の名前を、いうんじゃないよ」

と、そっと彼女を立ち退かせたのです。そのやさしさ、思いやりには、いま思い出しても胸を打たれます。

救急処置は受けたものの、それからが大変でした。慶応病院へ入院することに決まったものの、現地から病院までワゴン車で運ぶのに七、八時間はかかります。

私は裕さんの傷ついた足を、そっと自分のひざに乗せました。少しでも動かすと裕さんの足がバラバラになるのではないかという恐怖にかられ、そのため、私自身はまったく身動きもせずに裕さんの足を抱きかかえつづけていました。八時間後、病院に着いたとき、私の足は感覚がすっかり失われ、しばらくは立ち上がることもできないほどでした。

入院手続きをすませ、どうにか気を取り戻したところで、やっと義母《はは》に事故の報告をしました。血を分けた子の大ケガにどんなショックを受けるかもしれない――私は慎重に身構え、つとめて冷静さを装って事のてんまつを伝えました。ところが、返ってきた義母の第一声は、

「ええ？　また、折ったのぉ？　ケガしたのぉ？」

と、落ち着いた声。

聞けば、裕さんの怪我は、子供のころからつきもので、おかあさんは慣れっこになっているというのです。しかしいくら慣れているとはいえ、このケガ、どんなに気丈な母親でも平常心でいられるとは思いません。義母の落ち着いた声は、私の動揺ぶりを見抜いた義母の、私に対する心づかいではなかったかと、今にして思います。

ともあれ、義母の声を聞いて少しは気が楽になりましたが、やはりその夜は、興奮と心配で眠れませんでした。あの時――私が何もいわずに、

「じゃ、私も一緒に行きましょう」と、上まで行っていたら、裕さんは事故にあうことはなかった……。結果論に過ぎないかもしれませんが、私はそれからしばらくの間、自分の至らなさを責め、わが身を斬り刻むような思いにかられつづけたのです。

先生の診断で、裕さんの足は切開手術をせずに自然治癒で治すことになりました。それには理由があります。裕さんは高校時代にバスケットで左ひざのお皿を割り、そのため左足を引きずって歩くようなクセがあって、それがまた裕さんの独特な魅力ともいわれておりました。でも、今度はもう一方の右足を切開したら――、そして、その結果しだいでは、どんな歩き方になるのか――、石原裕次郎にとって、これは大問題でした。

その結果、時間は二倍かかるけれども、自然に骨が骨を呼ぶ習性を期待する自然治癒療法と

なったのです。私たち夫婦の最初の長い闘病生活が始まり、完治するまでに八か月を要しました。

その間、さまざまな出来事がありました。

昭和36年。骨折後のリハビリで下部温泉へ。歩行訓練から帰ってきた裕さん。トレーニングパンツが汗でぐっしょり。一日も早い復帰を目ざして――。

ある日、裕さんが便意を催したときのことです。彼が痛みをこらえながら腰を持ち上げたところ、私はいつものように、すかさず簡易便器を差し入れる……ところがそのときは、彼の苦痛を思いやったためでしょうか、便器がお尻の位置とズレてしまったのです。

本能的にうわっと手を腰の下へ入れた瞬間、それは私の手の中に――。まさしく間一髪、セーフでした。

不思議なことに、そのとき私の両の手の中にあるそれは、少しも汚ないという感じはありませんでした。

「ああ、これが夫婦なのか。夫婦ってこういうものなのかなあ」としみじみと思ったものでした。

そして、いよいよ裕さんのギプスがとれるという日の朝のことでした。主治医の先生がおっしゃるには、

「奥さん、期待しないでください。ギプスをとって、足首のところがカクッといったら、もうおしまいだ。今度は手術しないと、石原さんの足は治りません」

「先生、その確率はどれくらいなんですか?」

「いや、もう九九パーセント、そう思ってほしい」

なんということでしょう。この八か月間、あれほど精魂こめて療養に専念した私たち二人に、

このうえまだ試練が待ちかまえているとは……。

先生の手で、ギプスがはずされました。私は祈るように裕さんの足を見つめました。ところが動かないのです。

そのときの感謝の気持ちを、いったいどういい表したらいいのでしょう。このうれしさは、どうすれば周囲の人に伝えられるだろうか……そんな喜びに包まれていました。

石原裕次郎に、第一回目の奇跡が起きたのです。

第三章　〝裕次郎〟私だけが知っている素顔

石原プロ設立のころ

昭和三十八年一月十六日、裕さんは石原プロモーションを設立し、代表取締役に就任しました。二十八歳のときのことです。ひとつの枠にとらわれずに自由にはばたいて、自分の可能性を試したかったのだと思います。

というのは、当時の映画界では日活、東宝など大手の製作・配給会社が協定を結び、所属する俳優の他社出演などを制限していたのです。これは〝五社協定〟と呼ばれ、俳優が出演作品を自ら選ぶことなどほとんど不可能な、いわば俳優の身分を著しく拘束する厳しい協定でした。日活を代表するスターである裕さんもむろんその枠の中にいましたが、このままでは俳優としての将来に不安を感じたのでしょう。当時、俳優がこうした意思を表明すると、実質的に映

昭和37年。この年の暮れから裕さんと私は年末年始の休日をハワイで過ごすことになりました。ほんとにふたりっきりになれるときの幸せを満喫！

画界を追放されるのが普通でした。裕さんの場合、スターなればこそ実現できたのだと思います。

独立したといっても完全にフリーになったわけではなく、日活とは年間何本かは出演する契約を結び、それとは別に、独自に自分の仕事を続けていく、というものでした。

危険を冒してまで独立するということについて、私に相談するとか私の意見を聞く、といっ

昭和38年。石原プロ設立第一作は堀江謙一さんの『太平洋ひとりぼっち』の映画化でした。裕さんは全力投球、第18回芸術祭賞受賞。好調なスタート！

昭和39年。カンヌ映画祭の帰途、ふたりでヨーロッパを旅行中のナポリで。新しい仕事への夢、幸せな家庭、人生を語り合って、うっとり——。

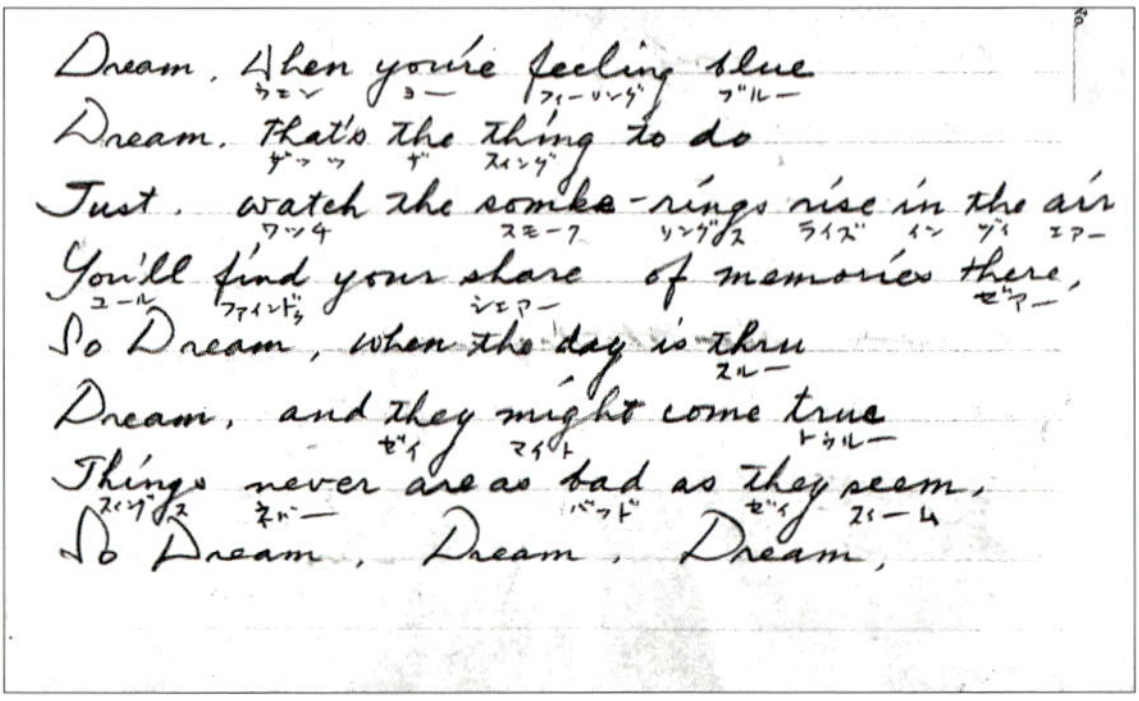

Dream, when《ウエン》 you're《ヨー》 feeling《フィーリング》 blue《ブルー》
Dream, that's《ザッツ》 the《ザ》 thing《スィング》 to do
Just, watch《ワッチ》 the somke《スモーク》-rings《リングス》 rise《ライズ》 in《イン》 the《ザ》 air《エアー》
You'll《ユール》 find《ファインドゥ》 your share《シェアー》 of memories there《ゼアー》,
So Dream, when the day is thru《スルー》
Dream, and they《ゼイ》 might《マイト》 come true《トゥルー》
Things《スィングス》 never《ネバー》 are as bad《バッド》 as they《ゼイ》 seem《スィーム》,
So Dream, Dream, Dream,

裕さんは外国へ行くと、よくレコードをおみやげに買ってきてくれました。外国語の苦手な私のために、英文の上に日本語でふりがなをつけてくれた歌詞カード。

たことはまったくありませんでした。これから何かをつくり上げていく男同士の話であり、「女は黙ってろ」といわれれば、「ああ、そうですね」と引き下がるような雰囲気を持った時代でした。むろん女はダメだから、などとはいいませんけど、私は自然に自分を納得させなければならないような状態でした。

裕さん自身にも気負いは感じられませんでした。裕さんという人は世間とは逆で、よいことがあると沈んでいくところがあるのです。なぜ沈むのか、理由のひとつは〝照れ〟、ポーズです。ここでひとつ、自分も一緒になってわあっと手を叩いたらカッコ悪い。「よかったわねぇ。おめでとう」といわれれば、内心ではうれしいのに、「まぁな」とか妙に落ち着いて答える人でした。

その石原プロ第一回の作品が『太平洋ひとりぼっち』です。九十四日間の太平洋横断の冒険をやってのけた堀江謙一青年の快挙を、裕さんは映画の題材に選んだのです。ヨット狂の裕さんにはまさにピッタリの企画です。

「堀江さんのヨットマンとしての生き方はすばらしいよ。堀江さんの役は俺がやる」

市川崑さんのメガホンによるこの映画は、第十八回芸術祭賞を受賞しました。

その後、石原プロは、昭和四十年に司馬遼太郎さんの原作の『城取り』を制作しましたが、興行的には、苦しい結果が出ました。

原因はいろいろありました。ただ、裕さんについて私の立場からいえることは、俳優とプロダクション社長を兼任するのは大変だ、ということです。スターでなければいけないときに、社長業をやっている。社長の顔をしなければいけないときに、スターの顔になっている――といったチグハグな状態が続くのです。

いくら大学で勉強したといっても、経営学でもありませんし、実際の経営は、また違います。社長決済となればハンコを押す。といって書類を見もせずにただハンコを押すような性格でもありません。

私は、自分が女優と主婦を両立できなかったことと、かなり共通部分があるな、と思い始めました。それならば、だれか別の人が石原プロの社長になって、「石原裕次郎は俳優に徹する」と宣言しなければ、この人はもたない。若さがなくなってしまう。やはり裕さんには、片腕となってくれる人が必要なのです。社長は裕さんであってもいい。ただ、裕さんとともに、あるいは裕さんのかわりに実質的に経営にあたる人がいなければいけない――。

そんなことを私なりに考えているときに出会ったのが、小林正彦さん、現在の石原プロ専務でした。彼はそのころ日活の社員で、裕さんと三船さんが『黒部の太陽』を制作していたときに、出向社員として石原プロに派遣されてきました。

仕事に取り組んでいるその中で、裕さんは小林さんの手腕を見抜き、スタッフの一員としてどうしてもスカウトしたいといっておりました。小林さんもまた、石原裕次郎という人物の本

昭和39年。はじめてのパリ。疲れていた裕さんはホテルでゆっくりしたいところ。エッフェル塔をバックに写真を撮りたくて、私が無理に引っ張り出して――。

当の姿を知り、傾倒していったようです。

昭和四十四年一月、裕さんは日活から離れ、これより事実上のフリーとなりました。ほどなく小林さんも日活を退社し、石原プロへやってきました。

この年に制作した『栄光への五〇〇〇キロ』はモータリゼーションの時代をいち早く先取りした蔵原惟繕監督の作品で、六億円もの配給収入を上げる大ヒットとなりました。

この映画は、私にも想い出深いものがあります。多忙な裕さんが、華麗な押し花をそっと添えて、私に手紙をくれたのです。私の宝物として今も大切に保管してあります。

ところでそのころ日活では、将来を嘱望される、ある青年のことが取り沙汰されていました。礼儀正しく律儀なその青年が裕さんは

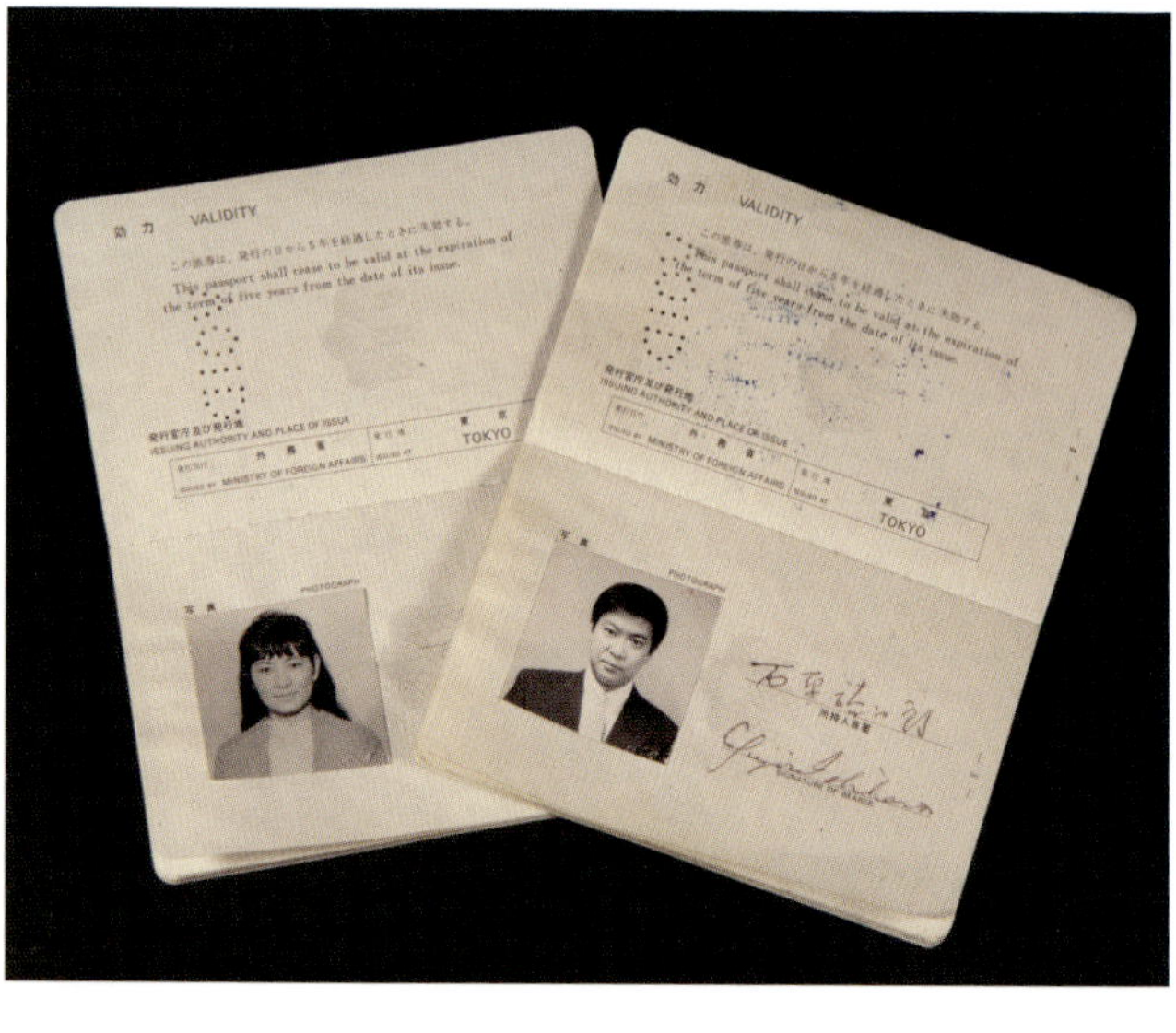

ふたりのパスポート。昭和35年のニューヨーク逃避行以来、何冊になるでしょうか。ハワイをはじめ、想い出のいっぱい詰まった記念品のひとつ。

お気に入りでした。その彼もやはり、五社協定のために苦しめられていたのです。裕さんは日活の社長に直訴しました。

「社長、彼はこれからの映画界になくてはならない俳優です。彼を映画界からボイコットしないでください」

こんな経緯もあって、ふたりは強い友情に結ばれたようでした。その青年が渡哲也さんです。

石原プロの台所が苦しい時期、裕さんを訪ねてきてくださり、

「少ないのですが、これが僕の全財産です。是非役に立ててください」

と貯金を全部はたいてお持ちになったのです。

「気持ちだけでありがとう」

と裕さんは押し返しました。

渡さんの友情に胸がいっぱいになったそうです。

ふたりの友情は、その後も続き、四十六年十月、渡さんは石原プロへ参加してくださったのです。

切迫する経営の危機

昭和四十五年度の映画『ある兵士の賭け』は、制作上の失敗で裕さんにとってはつらい作品となりました。このとき、石原プロは倒産の危機に立たされて、負債五億八千万円。一見、気の遠くなるような借金ですが、私は苦になりませんでした。

というのは、結婚して間もなくのころ、税務署から所得について一億五千万円の修正申告を命じられたことがあります。このときは、税務署に手形を切りました。これはこれですごい金額ですが、お国に手形を切っているんだからいいや、といった軽い気分もありました。こんなわけで下地ができていましたから、五億八千万円といっても驚きません。

昭和40年。やっと手に入れた〝コンテッサⅢ号〟で、初めて外国レースに参加。しかし、盲腸炎でやむなく断念。警備艇から降りてくる裕さんを迎えに出た私。

しかし今度は、高額手形を落とす心配ですから、やはり違います。成城の自宅などを担保にして大手金融機関から融資していただきましたが、もとよりそれだけでは足りません。

そこで私は、少しでも足しになればと、自分の貴金属や毛皮などをひそかに処分しました。裕さんには内緒です。打ち明ければ、必ず「ノー」という人です。土地などの不動産ならともかく、妻が身につけ大切にしているアクセサリーを、自分の事業が失敗したために処分させるなど、裕さんの人柄からして、ありえないのです。知れば深く傷つきます。夫としてのプライドもありましょう。しかし、他に打つ手はないのです。

こうして何がしかのお金を工面しましたが、それでもまだ、決済すべき一部の手形のために駆けずりまわったあの暑い夏の日のことを、私は今でもはっきりと覚えています。

私はその日、朝から姉や弟、知人友人宅など、借りられそうなところはすべて駆けまわり、頭を下げました。そして、五十万円、二十万円とかき集めたのです。兄弟、友人だけではありません。ある友人の、会社勤めをしていらっしゃるご主人までもが、奥さまの面前で自分のへソクリを差し出し、「どうぞ、使ってください」と、おっしゃるのです。あのとき、しみじみと思いました。何とありがたいことか、と。助けてくださったあの方のご恩を、私は一生忘れることはないでしょう。

そのころ、わが家の預金通帳の全残高が九万円ちょっとといった日がありました。

このように書いてくると、あたかも石原プロの資金繰りを私ひとりで片づけたかのように思われるかもしれませんが、とんでもありません。確かに私は力を振り絞って、わが家にあるものを全部提供しましたが、ただそれだけのこと。もっと大きなところでは、現在専務の小林さんが奮闘して何回かの大きな危機を乗り越えることができたのです。

石原プロはその後テレビ制作に進出、『大都会』『西部警察』など、次々に大ヒットを飛ばしていきました。

黒字の優良会社として発展していったわけです。

裕さんが流した涙

裕さんの涙――を見た方はいらっしゃらないのではないでしょうか。しかし生涯に一度だけ、それも私の面前で泣いたことがあります。
昭和四十二年、三船敏郎さんと組んで『黒部の太陽』を準備していたころです。当時は五社協定が猛威をふるっているために、協力したいけどなかなか思うように動けぬ人たちがたくさんおられました。

やがて資産調達のことで妨害が入って、ついに「この企画もここまで！」となりました。

その日、私が外出先から帰ってみると、裕さんは私に背を向けてアグラをかき、一升瓶を小股にはさんでいるのです。

「こんな大事なときに酔っぱらってたらダメなのに……」

といいながら私がよく見ると、裕さんの背中が小刻みに揺れています。あれっ、と思いつつ目をこらすと、やはり泣いていました。私は何もいえず、そばへ行ってじいーっとすわっておりました。ほんとうは、ただ泣いていたのですが、私が突然帰宅したためにあわてて一升瓶を抱きかかえ、お酒を飲んだふりをしていたことがわかりました。間もなく、関西電力の強力なバックアップが実現しまし

昭和40年7月23日、ホノルルで初めて迎えた私のバースデー。異国でふたりっきり――。ケーキも小ぶりにして、最もうれしかった日。

た。いまはもうお亡くなりになりましたが、岩永常務さんという方が裕さんに会って「こんなに目のキラキラ輝く若者を最近見たことがない。この男は何かやるだろう」といって、関西電力の百パーセントの協力をとりつけてくださったのです。

このときの涙が裕さんの最初の涙、と一部に伝わっておりますが、実は二度目。一度目はもし裕さんがおりましたらけっして書けなかったと思いますが……、じつは、まだ結婚する前、ケンカして私が彼を泣かせたことがあるのです。

原因は私の意地悪。ケンカすると私はやり合うタイプではなく、無言の抵抗を示すほうです。だから「ちょっと来て」といわれても行かなかったり、返事をしなかったり……。

昭和42年。テイチクのハワイアンのジャケット撮影中。おしゃれな裕さんが着ていた、動いてもずり上がらない特殊なシャツのボタンの止め直し中。

そんなことがたび重なって、ついに裕さん、

「チキショー！」

よっぽどくやしかったのでしょう。男性を泣かせるなんて悪い性格だな、と大いに反省いたしました。

反省したことが、もう一つ——。昭和三十四年三月、裕さんが二週間の失踪騒ぎを起こした事件がありました。年間十本を超す主演映画で過労が重なり、身も心もくたくたに疲れているところへ、裕さんがいちばん気にいっていた、私の長い髪を無神経に切ったことが、きっかけになって、失踪騒ぎになったのです。

突然、聞かされた離婚話

『ある兵士の賭け』での失敗を取り戻すために、裕さんは昭和四十五年、『甦える大地』の制作に入りました。そのキャンペーン中のこと。心労が重なったためでしょう、裕さんが秋田第一ホテルで倒れたのです。三九度二分の高熱で、急性肺炎と診断されました。

東京へ帰り、慶応病院に入院、間もなく長期療養のため、四月八日、国立熱海病院に入院しました。病名は、胸部疾患——。

昭和46年7月23日、私の誕生日は裕さんが入院中の熱海病院で。お祝いの花は人に頼んだだめ、彼のイメージと違ってしまい、裕さんガッカリ。

その療養先の熱海で、私は思ってもみなかった重大な話を聞かされたのです。

熱海は裕さんの実家がある逗子市に近いため、おかあさまもお見舞いによく来てくださいました。

そんなある日、おかあさまが思い出したように、ポツリとおっしゃったのです。

「マコちゃん、あなた、あのこと知ってる?」

「えっ、何ですか、あのことって?」

「この間、裕次郎がね、『お母さん、相談があるんだ』っていうのよ。なあにとたずねたら、『マコと離婚しようかと思うんだ』って」

一瞬、私は何のことかわかりませんでした。

リ・コ・ン……離婚……私の聞き違いかとも考えましたが、いや、確かに義母《はは》はそういった——。

昭和40年9月。歌手生活十周年を記念して全国縦断リサイタルをスタート。多くのファンを魅了しましたが、最初で最後のステージになりました。

――私という人間は、裕さんにとって、いったいなんなの！――

そう叫びたくても、声にならないのです。

――石原プロは多額の負債をかかえたどん底状態、そのうえ社長が病に倒れるという、今がいちばんどん底のとき。そんなときには、いえ、そんなときにこそ、ふたりは協力して耐え忍ばなければいけないのに――

私の気持ちを、彼は充分理解しているはずです。

――こんなときに「離婚しよう」といっても、私が「ハイ」というわけがない――

裕さんは、なぜ〝離婚〟という言葉を口にしたのでしょう。

彼の気持ちがわからないでもありません。別れて家の一軒でもまき子に持たせておけば、倒産騒ぎに巻き込むこともないという、彼のやさしさ。でも私は、彼のそんなやさしさは少しもうれしくありません。私のことをそこまで思ってくれてありがとう、という気持ちにはとうていなれないのです。——私のことを、なぜわかってくれないの?——という歯がゆさ、くやしさ……。〝離婚〟という言葉が裕さんの口から出たことにも驚きました。

〝離婚〟のことで義母《はは》と私が話し合ったということを、裕さんは知りません。彼に話す必要はないと思ったからです。私たち夫婦は、いう必要のないこと、いってはならないことはお互いにいっさい口にしない主義でした。

そのころ私は母を亡くしています。税金のことでやっと苦境から脱出した、と安堵《あんど》した時期でもありました。しかしこの〝離婚〟騒動はあまりにもショックな出来事だったので、そのことを思い出すと、私は今でも涙ぐんでしまいます。

私たちに子供がいなかった理由《わけ》

二十七年に及ぶ結婚生活を振り返ってみると、後悔ばかりが先に立ってしまいます。そのなかでも、最も強烈に責めさいなまれるもののひとつが、〝子供〟のことなのです。私たち夫婦は子供に恵まれませんでした。

裕さんも私も、子供は大好きです。お友達が子供連れでわが家に遊びにきたりしたときは、目の中に入れても痛くないというようにかわいがったものです。家の外で、あるいは仕事先などで、ふと目にとまる子供の愛らしいしぐさに、思わず胸を衝《つ》かれるようなこともありました。

結婚したころ、「子供は最低男の子二人、女の子は一人……」などとマスコミに語ったこともありますが、これは新婚の私たちが単純に描いた家庭の理想像でした。

お子さまをお持ちの方に誤解されることを恐れずにあえて申し上げれば、私たちがしいてその子供を望まなかった理由というのは、「あまりにも〝石原裕次郎の世界〟が強烈だったから」です。

私にしてみれば、「石原裕次郎」は目まぐるしく変化していきます。一日二十四時間の中でも、一週間という区切りで考えても、そして年ごとに眺めても、裕さんという人はその折々に、さまざまに変わっていくのです。私は、そんな彼についていくだけで精いっぱいでした。

裕さん本人も自分の多忙ぶりを自覚していて、子供に気を向ける時間がないことを百も承知していました。

「俺たち、子供がいなくてよかったな。これで子供がいたら、とってもじゃないけど、俺はこんなに仕事できなかったよ。こんな状態では、第一、子供がかわいそうだ」

彼はよく、そういっておりました。私もまったく同感です。

昭和49年。宝酒造のコマーシャルを日活撮影所で三日がかりで撮りました。終了後皆さんと〝お疲れ〟パーティ。

映画を作っていれば、いいときもあれば悪いときもあります。わが家はしょっちゅう借金の担保に入っている。もし、子供がいたら、裕さんの仕事ぶりも変わっていたのではないか、とおっしゃる方もいらっしゃいます。

そうかもしれません。しかし私は、仕事、これだけは変わってほしくなかったのです。仕事が変わるということは、「石原裕次郎を変えなければならない」ということなのです。「石原裕次郎」という希有の、二度と出てこないこの人の魅力を、違う形で規制することは絶対にあってはならない。奔放さの中からにじみ出てくる、あのなんともいえない不思議な魅力は、だれも規制できないのです。私には子は授かりもの、運を天にまかせたいという気持ちがあったのです。

裕さんは子供が欲しかったのです。そのため、あるとき病院へ検査に行きました。〝小さい頃のおたふく風邪か、スキー骨折の際のX線が原因かな……〟医師の診断を裕さんはどんな思いで聞いたのでしょう。以来、裕さんは子供のことをいっさい口にしなくなりました。けっきょく子供はできなかったわけですが、裕さんが亡くなった今、私は後悔を強いられています。夫に去られてひとりになって、初めて子供というものの存在の大きさに気づいたのです。

——ああ、今ここに、裕さんの血を分けた子供がいたなら……。子供がいれば、私は、今とは違った私でいるだろうに——

それがどんな「私」なのか、見当もつきません。夫の面影をわが子に見出し、成長ぶりに目を細める私。体の中を冷たい風が吹き抜けていくことのけっしてない私。そして何よりも、後悔することのない私。そのどれであるのか、それらのすべてであるのか……。さまざまな思いが走ります。

映画の中で見せた〝手〟の魅力

裕さんはその生涯で百二本の映画に出演していますが、そのなかでも私がいちばん好きな作品は昭和三十三年九月に封切られた『赤い波止場』です。舛田利雄監督の作品で、私も共演しています。次郎という青年ヤクザが素人の女性に心を奪われる、しかしヤクザゆえに恋を成就できないというストーリー。

あらすじはとにかく、石原裕次郎が演じる次郎が、涙が出るくらいに愛《いと》しくて、私は大好きなのです。いわゆる裕次郎のアクションものには違いありませんが、同じヤクザでも裕次郎の場合はペーソスがあってたまらない感じになるんです。いまでも、ふっと次郎という役柄を思い出すと、裕さんのイメージと重なって涙があふれそうになります。

ニュアンスは違いますが、裕次郎でなければできなかった青春文芸作品『あいつと私』と、『陽のあたる坂道』、もうひとつ『若い川の流れ』の三本も、私が好きな作品です。

石原裕次郎の人気が爆発したのは『嵐を呼ぶ男』だとおっしゃる方が多いようです。しかしもうひとつの彼の魅力を引き出したのは田坂具隆監督ではなかったかと私は思っています。田坂監督の『陽のあたる坂道』が、その後の石原裕次郎というスターを生み出すフシ目になったような気がします。この映画で演じた信次という青年がとても魅力的で、原作者の石坂洋次郎先生にあとでお目にかかったときに、

「あれは裕次郎のイメージだったんだよ」

と、内輪話をしてくださいました。

昭和三十六年九月に封切られた『あいつと私』は、裕さんがスキー事故で足を折ったあとの映画で、やはり想い出深い作品です。復帰第一回作を何にしようか、これはむずかしいぞ、というときに、亡くなられた中平康監督が石坂洋次郎先生の『あいつと私』という小説がすごくおもしろい、と強く推されました。

「石坂先生に打診して、お願いしようか。マコちゃん行く?」

「ええ、行ってきますよ。先生と一緒に参りましょう」

ところが監督のぐあいが悪くなって、私ひとりで交渉に出かけることになってしまいました。

昭和49年。私が裕さんと一緒に出演した最初で最後のコマーシャルのひとコマ。〝仲人シリーズ〟で、ほんとの夫婦で撮りたいという意向のため引き受けました。

昭和49年。宝酒造の大宮会長のお誕生パーティにて――。結婚以来、家庭にこもっていた私が表に出た数少ない機会のひとつです。お祝いと感謝の意をこめて――。

昭和51年春。迎えにみえた石原プロの小林専務と仕事に出かける直前。あまりに桜が美しいので、三人で記念に撮りました。

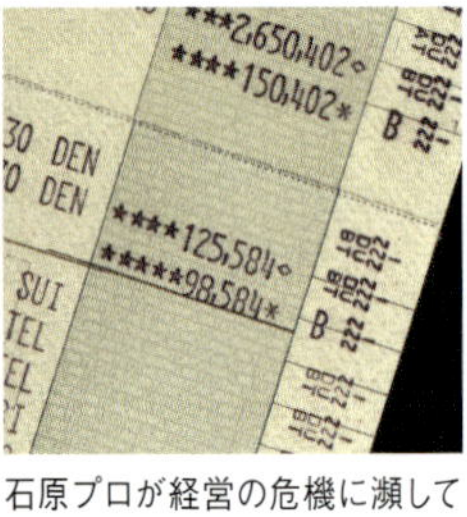

石原プロが経営の危機に瀕していたころ、当然わが家の家計も苦しくなりました。生活はできるだけ切りつめ、それでも預金残高は公共料金の支払いにも事欠きそうな有様。

お住まいが私の実家のすぐ近くで、先生をよく存じ上げていましたから、楽な気持ちでした。

「先生、近所まで来ましたので、ちょっとよろしいですか」

「いいよ、いいよ。裕ちゃん大変だったね、足を折って」

先生は裕ちゃん、マコちゃんと呼んで、私たちをずいぶんかわいがってくださった方で、その日も上機嫌でした。奥さまたちと雑談をしたあとで、先生に、

「実は先生、『あいつと私』の映画化を石原裕次郎にいただきたいんですけど、いかがでしょうか」と、恐る恐る映画化のお話をしたところ、

「ああ、あれは最初から裕ちゃんだと思っているんだよ。裕ちゃんにあげようと思ったんだ」

先生はあっさり承諾してくださったので拍子抜けしました。

運がよかったのです。おかげでこの映画は大ヒット、石原裕次郎はすんなりカムバックすることができました。

石原裕次郎という俳優は、私の目から見て、手のしぐさになんともいえない味わいがあったと思います。手に表情があるというのでしょうか……。

『狂った果実』の中で、津川雅彦さんとサクランボを食べているところがあります。

「兄貴、俺にもくれよ」と津川さんがいうと、

「勝手にとれよ」というシーン。

昭和50年12月2日。銅婚式――私たちの満15回の結婚記念日。紆余曲折はありましたが、力を合わせて乗り切りました。「これから先も……」と誓った日。

「いいからとってくれよ」と弟がもう一度いうと、「ほらっ」と、サクランボをパッとつかんで、パッと投げつける――そのしぐさがなんともいえない、だれにでもできない味なのです。私がそのシーンを見たとき、まったくの素人なのにスゴイな、と感心させられました。

それから、『陽のあたる坂道』の中で、轟夕起子さんのお母さんとふたりだけのシーンもいいですね。お母さんが、お前はいつだってそうやって兄をかばうんだよ、というと、

「違うよ、ママ。僕だって」

とごまかすために、イライラしながら壁を叩いて演技するシーンがあります。普通の人だったら、手であんな叩き方はできないだろうという、本当に自然な感情のあふれた手な

のです。

もうひとつ、本当のお母さんに会いにアパートへ行くと、お正月でわいわいしていて、みんなが真室川音頭を踊る場面があります。誘われて彼も踊り出すわけですが、その手先の向きが何ともいえず魅力的で、たまらないほどです。

これなのです、石原裕次郎の魅力っていうのは……。

遺影のタバコを吸っている写真――それは私の大好きな写真ですが、石原プロの撮影監督である金宇満司常務は、

「このタバコの持ち方は、社長しかできないんですよ」

と、私によくいっておりました。ポーズではなく、ごく自然にハッといういう感じで持っている、その持ち方がたまらない魅力だと。「ほかの人が意識してやっても、あれだけの味は出ないですよ」というのは、まんざらお世辞ではないと思います。裕さんの手は長方形でスーッと指が伸びてきれいでしたから、何をやってもきまるのかもしれません。

裕さんの右耳は聴こえなかった！

石原裕次郎の大きな魅力は、なんといってもあのハスキーな歌声でしょう。甘く柔らかな心

にしみるような低音の響き。それでいて、高音も澄みきったきれいな声。

歌唱力はもう、抜群でした。独特のフィーリングで、何ともいえないロマンチックな雰囲気をかもしだす……。日本語の「てにをは」を、いつもきちんと歌う人でした。歌詞を大切に心をこめて歌うので、情感がにじみ出て胸にジーンとくるのです。

音感とリズムのよさもぬきん出ていたように思います。飲み込みが早いのです。レコーディングのときなども、譜面を見ずに音を聴いただけで、パッと覚えてしまうような、音楽的感覚のすぐれた人でした。

妻の私がいうのも変ですが、歌に関しては天才でした。

私は、石原裕次郎がいかに音感がよくて、すばらしい歌手であったかをアピールするために、彼の秘密を打ち明けたいと思います。

これは私と、ごく数人しか知らない、いま初めて公開する話です。

実は裕さんは、七年前から右の耳が聴こえなくなっていたのです。ひとつの耳で歌をうたい、ひとつの耳でテレビ映画を撮り、ひとつの耳で人と会話をしていたのです。

裕さんが右耳の変調を訴えたのは、昭和五十六年五月二十五日のことでした。それから間もなくして、裕さんの耳は聴こえなくなったのです。原因はおそらく、その年五月七日に行われた大動脈瘤の大手術のときの後遺症らしいとのことです。

耳が不自由になった裕さんは、それをいっさい隠して、ふだんどおりにレコーディングやテレビ映画の仕事を全うしたのです。彼は、仕事の打ち合わせなど大事な人と会うときは、必ずその人の右側にすわって、左耳を近づけて聴くようにしていたはずです。

その努力があまりにも見事なため、だれ一人そのことに気づく人はいませんでした。それだけに、事情を知っている私としてはせつなくて、胸が痛んだものです。同時に、今さらながら、裕さんの忍耐強さには感服してしまいました。

耳のことで弱音をはいたことは一度もありませんでしたが、内心は非常に苦しんでいたようです。

私が裕さんの歌を初めて聞いたのは、『狂った果実』を撮影中のことでした。ダンスパーティの席で、裕さんがウクレレを弾きながら歌うシーンがありました。撮影を進めるうちに、裕さんの個性をいち早く見抜いた中平康監督は、彼にゲタを預けました。

「裕ちゃん、このシーンはキミにまかせるよ。自由にやってごらん」

そうはいってもズブの素人。どうなることかと見ていると、裕さんはＮＧなしにたった一回で決めてしまったのです。その魅力的な歌声に、私は思わず聞き惚れてしまいました。

そのときに歌ったのが『思い出』という曲で、これは『狂った果実』の挿入歌になっています。

「潮風、いぶくなぎさに、たたずみ……」私も大好きなので、結婚式の最後に裕さんが歌いました。

私はどちらかというと音痴のほうですから、一緒に歌うことはほとんどありませんでしたが、彼は家でもよく口ずさんでいました。裕さんは、歌謡曲よりもむしろポピュラーやハワイアンが好きでした。いちばん好きなのは『ラブレター』、そして『ルビー』、ハワイアンの『クイーポ』をよく歌ったものです。

余談になりますが、私はペリー・コモのファンで、テレビのCMで彼の歌声が流れると、ハッとなります。なぜならば、彼の声があまりにも裕さんに似ているからです。音感がそっくりで、ペリー・コモの『想い出のサンフランシスコ』などは、もう裕さんそのまま。錯覚を起こすくらいよく似ています。

裕さんもそのことを自分で知っていて、ロサンゼルスあたりへ仕事で行ったりすると、私へのお土産にペリー・コモのテープを持ってきてくれたりしました。

それも、今では遠い想い出になってしまいましたが……。

お葬式が終わって私たちはお焼き場に参りました。すると遺骨のお守りをする方が、裕さんのお骨を見て、こうおっしゃったのです。

「この方ののどはきれいですね。こんな立派な姿をしている方は珍しいですよ。まるで、ご本尊さまがすわっているような形をされています」

私は気が動転していましたので、裕さんのお骨はとても正視できませんでした。でも、その

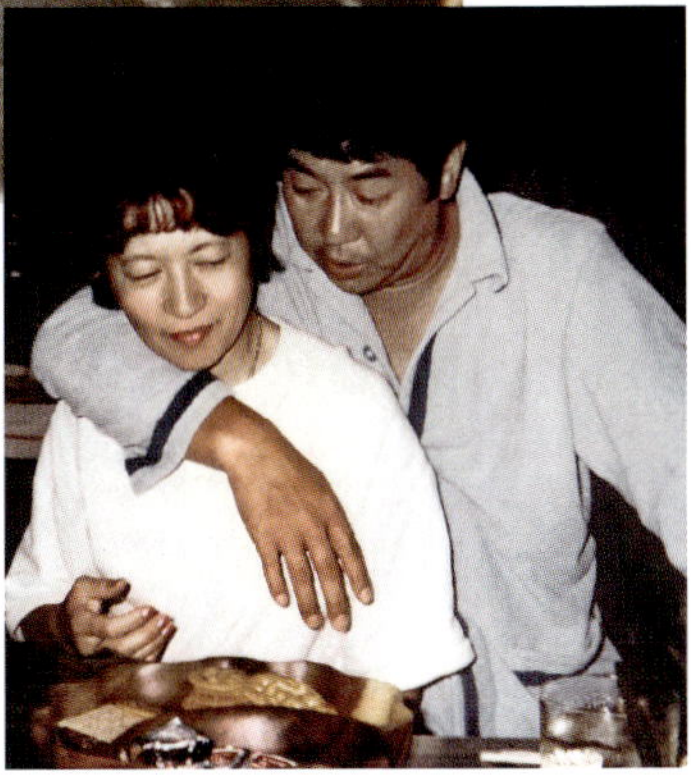

昭和54年。久しぶりに山中湖の別荘で。最後の共演作『闘牛に賭ける男』のスペインロケの話がはずみ、裕さんは少々ご酩酊でフラメンコを熱演。

会社の経営危機も乗り越え、公私ともに好調に過ごした二年間。水入らずの休暇を——。

お話を聞きながら、――ああ、だから裕さんはあんなにすばらしい声だったんだなあ――と、胸が締めつけられる思いでした。

家を売っても欲しかった大きなヨット

裕さんは趣味がたくさんあるように思われがちでしたが、実はあるようでないのです。たしかに、何をやらせても水準以上の出来ばえで上手でした。油絵、デッサン、工作、習字。デッサンなどはアッという間に描いてしまう。ほんとうに芸術的な才能を持ち合わせた人だったと思います。

それに、麻雀、ゴルフ。麻雀などは高校生のときからおこづかい稼ぎにやっていたくらいで、玄人はだし。仲間からは、「稼ぐつもりなら、石原とやるな」といわれていたとか。ゴルフも高校生のときからで、私のゴルフの先生でもあったのです。

こういったものは誘われればやるけれども、しかし自分から夢中になるということはありませんでしたし、ただひとつ、ひたすら熱中したのは、ヨットです。これはもうあきれるくらい夢中。

裕次郎語録に、こんなのがあります。

「僕は〝本職はなんですか〟と聞かれると、ヨットマンだと答えるんです。ヨットに乗るために仕事してるようなものだから」

ヨットレースに出ることが一番の楽しみで、海に出かけるときは少年のようにはずんだ顔に変わったものです。

裕さんが初めてヨットレースに出たのは、昭和四十年、二年に一度、ロサンゼルスからホノルルへ向けて行われる「トランスパック」というヨットレースでした。

裕さんのヨットというのは二十数年前、一生懸命働いてやっと造った『コンテッサⅢ号』。ホノルルのヨットハーバーのなかではいちばん古くて小さく、いちばんションボリした船でした。クルーは、当時まだ小説に専念しておられた慎太郎兄たち数名。

ところが、あれほど楽しみにして参加したのに、艇長の裕さんは盲腸炎になるというアクシデント――。位置は太平洋のまっただ中です。

やむをえず沿岸警備艇《コーストガード》を呼び、本人は涙をのんでヨットから乗り移りました。つまり、完走できなかったわけです。

知らせを受けて、私はホノルルへ飛んで行きました。ヨットレースはまだ続行しているから、裕さんは自分のヨットが着く前に、ひと足先に港へ帰って、夢にまで見たそのレースを、今度は自分が迎えるわけです。

何日かたって彼がもうすぐ着くという連絡があり、私は友達と一緒にハーバーで迎えました。入ってくる船の甲板には、白人の警備隊員がダーッと並んでいて、中にひとりだけ真っ黒いのがいます。

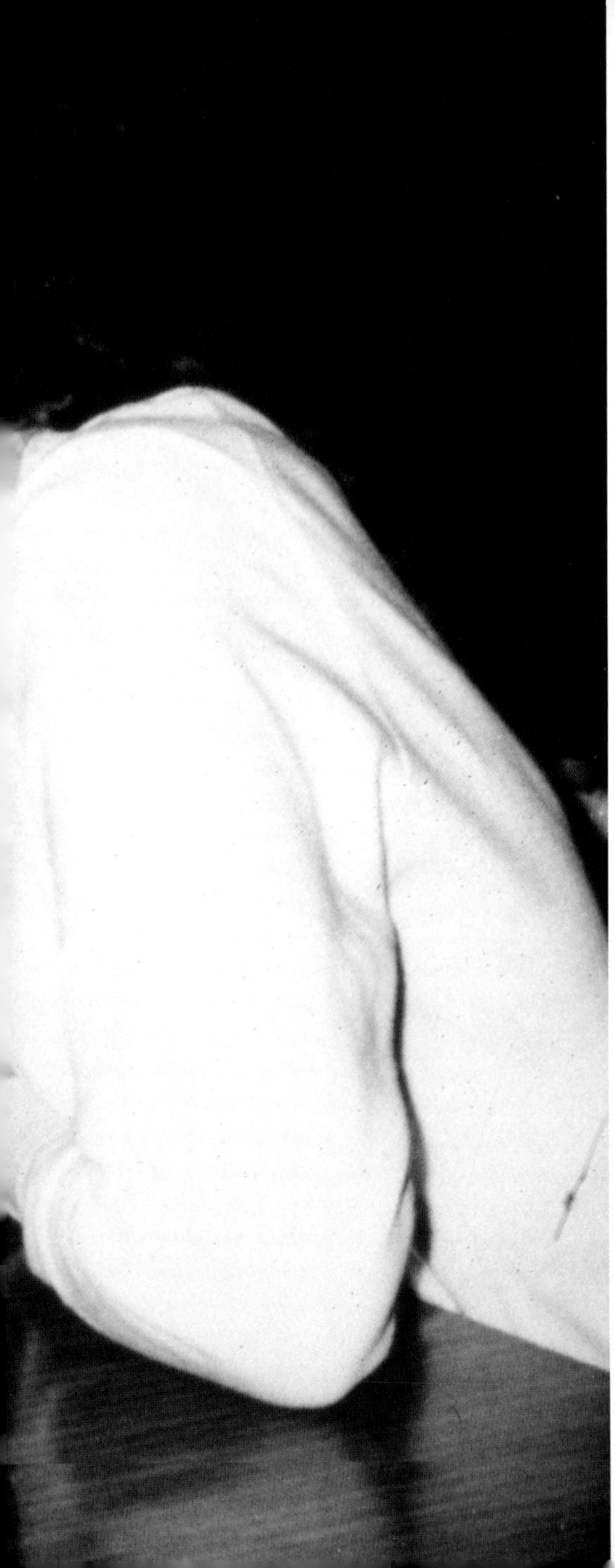

昭和54年。山中湖の別荘で。何年に一度あるかないかのキスシーン。親しいテーラーの遠藤さんにシャッターチャンスを与えてしまいました。

「あら、黒人隊員もいるのねえ」

と、私のお友達。しかし、裕さんは見当たりません。盲腸だというから、きっと船底で寝ているんだわ。担架に乗せられて降りてくるのかしらと心配していると、黒人がこちらへ向かってしきりに手を振るではありませんか……。

それが裕さんでした。さんざん心配させておいて……と思いつつも、意外に元気な姿を見て、私は安堵の胸をなで下ろしました。

しかし、その後の光景は、彼には気の毒でした。自分のヨットを、自分で出迎えるのですから、その姿はそばで見るのもかわいそうなくらいでした。

「俺のヨット、まだこないよ。今日もダメなのかなあ。いつごろ着くんだろう」

夕日に向かって残念そうにいつまでもいつまでも、港に立ち尽くしている後ろ姿のシルエット……。かわいそうに、この人はほんとに運の悪い人だな、とそのときつくづく思いました。

アメリカ人はお金持ちばかりだからヨットも大きくて速いけど、裕さんのは小さいからなかなか着かない。ヨットというのは大きければそれだけパワーもあるから、ゴールインするのが早いのです。

先に到着した大きなヨットを見上げながら、

「うらやましいなあ。この次、こんなデッカイの造ったら、もうとっくに入ってるよな」。

と、愚痴ともつかぬつぶやきが聞こえてきます。そのとき、さすがにかわいそうになって、私は思わず口走ってしまいました。

「裕さん、家を売ってヨット造らない？　今の家を売れば、大きいのが造れるわよ」

そのとき、彼がパーッと見せたうれしそうな顔！

「やあ、欲しいなあ」という気持ちが彼の背中にもありありと見えていました。

そんなことがあって日本に帰ってきたのですが、何日かたってヨット仲間が集まったわが家でのこと。

「ねえ、みんな。うちのカミさんがね、コンテッサⅢ号じゃあ何回出ても優勝できないから、次はこの家を売って、デッカイのを造ってくれるといったんだ。この次は絶対にAクラスで優勝だ！　なあ、マコ」

お酒の勢いもあっての大気炎に、仲間はもちろんヤンヤの喝采。

ホノルルでは彼を元気づけるためにたしかにそういいましたが、少し落ち着いたら女のケチが出てしまいました。女のいやらしさ、用心深さなのです。ヨットのためにわが家を売るなんて、とんでもない！

「あのときはあのときだったけど、今は違うわ」

仲間を前にして、裕さんのバツの悪そうな顔。

すぐに「冗談だよ」と、テレた笑いにまぎらせました。家を売ってヨットを造るなんてとんでもない、ということは、本人は百も承知。それでも皆の前でそういうふうにいいたい、彼のヨットへ賭ける夢……。

いま考えると、なんて残酷なことを私はいったのだろうと思います。ウソでもいいから「そうよね」と、なぜあのときいってあげなかったのか――。

そんな裕さんの妻でありながら、私はヨットはまったく乗りません。乗り物酔いがひどいからです。なにしろ子供のころ、お座敷の鴨居にかけるブランコで酔ったことがあるし、自転車の荷台に乗っていて酔った記憶もあります。

車も、他人が運転するとダメなのです。でも、そうもいってられなくてどうしても車に乗らなければいけない場合は、いっさいおなかに入れないようにして乗っています。

裕さんは、一度でいいから私にヨットに乗ってほしかったのだろうと思います。一度誘われたことがありました。

「マコも知ってるあの人が乗れたんだから、マコも乗らないか。船に乗ったら酔うのが当たり前なんだから。ちっとも恥ずかしいことではないんだよ」

一度くらい裕さんのヨットに乗るべきだったと、とても残念に思っています。

私が望んだほんとうの生活

昭和五十二年夏、裕さんと私は、アドミラルズ・カップレース出場のために、イギリスのワイト島という小さな港町で、ふたりだけの夏を暮らしました。

その島で、私たちは、東京にいてはけっして味わうことのない貴重な生活を送ることができました。

そこでは俳優、石原裕次郎は、ただの無名の日本人。それよりも、海を愛し、海に生きるひとりの日本人として異国の人が接してくださり、私たちもその町の生活に溶け込み、大らかに過ごすことができました。

裕さんと、私は、港が見える高台のレンガづくりの質素なアパートに部屋を借りました。

ワンフロアで、台所は狭く、お風呂も一人が入るのがやっと、といった狭いアパート。

歩くと床がギシギシ鳴り、隣の会話まで手にとるように聞こえてくる部屋――。

最初のころは、裕さんも私もこんなはずではなかったと不満でした。

レースに備えて、コンディションづくりのために、早朝マラソンに出発する裕さんを部屋の窓から見送る私――。

アパートの大家さんの八百屋さんと、手まねの会話で野菜を値切って買って帰り、ヤリクリ上手に満足して、裕さんのために食事作りをする私――。

疲れきっておなかをすかせて帰り、挨拶もそこそこにして食事をたいらげ、会話の途中で居眠りをはじめる裕さん――。

近所の人々からの差し入れに、笑顔でお礼をいうふたり――。物にこだわらないで楽しく生きる素朴な人たちの輝く目――。

狭いながらもふたりっきりの楽しいわが家。

大好きだったハワイでも味わうことのなかった気取りのない自然な生活。

俳優裕次郎が大きい存在だったために、他人の目を意識しながら過ごしていた東京生活を思い浮かべて、ふと、思ったのです。

「ああー、これがまぎれもない自然な生活なんだ。これがやっぱりほんとうの夫婦の生活なんだ……」

私が望んでいた裕さんとの生活は、これだったのです。

すると、このアパートが妙に愛《いと》おしくなり、こんなチャンスを与えてくださった神に感謝いたしました。

そして、このまま、この島で時間《とき》が過ぎていってくれることを願いました。

裕さんが四十一歳、私が四十二歳の日のことです。

昭和52年夏。アドミラルズ・カップレース出場のためにふたりでイギリスのワイト島へ。沖合いに浮かぶヨットを見る裕さんの充実した後ろ姿。

毎朝ロードワークをして体力強化を図る裕さん。ふたりで借りた古いアパートの窓から練習を終えて帰る裕さんを迎える私。人間らしい生活。

青春いっぱい——成城一丁目の旧宅

昭和五十六年に現在の家を建ててからは、私たちがそれまで住んでいた成城一丁目の家は空家になっていました。他人に貸すのは嫌だというので、そのまま放置しておいたのですが、維持費が大変かかる。留守番もいるし、ひとり住まわせれば公共料金もかかる。暖房も一部屋だけ……というわけにはいかない構造になっていました。それにちょうど全体の補修をしなければならない必要に迫られていました。

同時に、私たちも高年齢になってきているうえに裕さんは年じゅう病気していて、ひょっとしたら彼は完全復帰できないかもしれないという心配がありました。となれば当然私が守らなければならない。主婦の立場から少しでもムダを省かねばならない。そこでとりあえず一丁目の家を取り壊して整理することにしました。サラ地にしておけば、裕さんがまた何かをすることもあるだろうから、という理由もありました。幸い裕さんも賛成してくれて、

「そうか。俺がホノルルで静養しているうちにそれができるんだったら」

と、かつての住まいに固執しているようには見えませんでした。私にしても、彼が東京にいて自分の想い出の家の解体を目のあたりにしないですむだろう、という思いやりの気持ちがありました。

やがてその工事の進行状態を知らせる写真がホノルルの裕さんのもとへ送られてきました。ところが、写真を見るなり、彼が急に落胆してしまったというのです。

「俺の青春時代の思い出が砕かれた。俺の青春はこれで終わりだな」

というつぶやきを聞いてハッとしました。

なぜ一丁目の家を解体しなければいけないのかという理由は彼もわかっているし、したがって間違ったことが行われた、と彼が私たちを非難しているわけではありません。ただ、自分の人生の一ページを消されて、さびしかったのだろうと思います。

早まってしまった自分を詫びながらも、最初にひと言いってくれていたら……意思表示をはっきりしない裕さんのいちばん困ったところが出た、と思いました。

一丁目の家は、裕さんが二十四歳のときに初めて建てた、自慢の家でした。彼が自分で設計し、専門家はあとで少し手を加えただけ。私たちは結婚以来、ずっとそこで暮らしてきた想い出深い家なのです。裕さんにはかわいそうなことをした、悔やんでも悔やみきれないことのひとつです。裕さんはこのすぐあと、ホノルルより成城へ電話を入れています。

「カメがいるから気をつけてくれよ」

というのは、一丁目の家に、一匹のドロガメがすみついていたのです。私たちが新婚のころ、裕さんのファンが投げ込んだのでしょう、ピンポン玉のように小さかったカメが、私たち夫婦が年輪を重ねるにつれて裕さんの手のひらくらいに成長し、そのころには甲羅にコケが生えるほどになっていました。

そのカメは冬は庭のどこかに冬眠しているらしく、毎年ツツジの花が咲くころになると出てきて花をパサパサ食べ始めます。私に対してはあたかも敵愾《てきがい》心を持っているかのようにフワッと向かってくるのに、裕さんにはとてもなついてしまって、彼が小さな頭をなでてあげると、気持ちよさそうにじっとしているのです。そんなさまが、裕さんにはかけがえもなく愛おしいものに感じられたのでしょう。それに、「カメとは縁起がいいゾ！」などと楽しそうに眺めておりました。

新居に移るとき、裕さんは当然のように「連れて行く」といいましたが、あいにくカメは冬眠中で、どこにいるのかわかりません。その後彼が病に倒れたこともあって、私はカメのことにまで気がまわらず、ついそのままに放置してしまっていたのでした。

ハワイから帰ると彼は真っ先に一丁目へ行き、すでにサラ地になっている庭のすみずみまでカメを探しました。しかし残念ながら、カメの行方はわかりませんでした。どこかで生きているのか？　それとも……。

同行した大塚氏の話によると、そのとき裕さんは、椅子の横にすわり込み、何を考えているのかもわからない感じで、ただ、ただ、遠くの一点をぼんやり見つめていたとか。そこで過ごした往時の、青春の記憶が交錯していたのでしょうか。

旧宅の処置にあたって、すばやく次を計算し、夫の感傷も、そこにすむ生き物にも思い及ばなかった私――。

私はとうとう一丁目の跡地を見に行けませんでした。いいえ、少したってから、病院からの帰途、行くには行きましたが、自分が犯した罪の意識にさいなまれて、近寄れないのです。周囲をグルッと回っただけで、中はのぞけませんでした。裕さんにも、そしてカメにもほんとうに申しわけないことをしてしまったと、心の中に痛みを感じます。

私の入院中に見せたやさしさ

昭和五十四年ごろからでしょうか。私のおなかがびっくりするほど大きくなったことがあり、とうとうスカートが入らないほどになってきました。

「いやあねえ、年をくってくると、食べ物に関係なく脂肪がついてくるのね」

鏡を見ながらグチをこぼしていると、裕さんが笑いながらいうのです。

「俺、イヤだよ、トドは」

〝トド〟というのは、わが家で名づけたソビエトの有名な水泳選手のことです。オリンピック

のバタフライで、ものすごい記録を出した選手がいまして、そのテレビ中継を見ていた裕さんが、

「すごいな、あれはトドだな」

と唸《うな》ったことから、その名がつきました。そんなことから、私のおなかが大きくなるにつれ、私をからかうようになり、

「オイ、トドちゃん、起きろ」

「オイ、トドちゃん、新聞持ってきてよ」

などとさんざんからかわれた時期があります。

最初のうちは中年太りくらいに考えて、私はあまり気にしてませんでしたが、そのうちやはり不安になってきました。お友達からもいわれました。

「これはいくらなんでもおかしいわよ。病院に行って検査したら？」

病院にはなるべく行きたくないけれども、万が一の場合を考え出向いたところ、子宮筋腫だったのです。私はすぐにも手術を受けるのかと思ったところ、

「その前に規則として産婦人科の検査をします。子供ができているケースも考えられるので、それがはっきりするまでは手術はできません」

先生の説明を聞いて、思わず笑い出してしまいました。四十六歳にもなって子供ができるわ

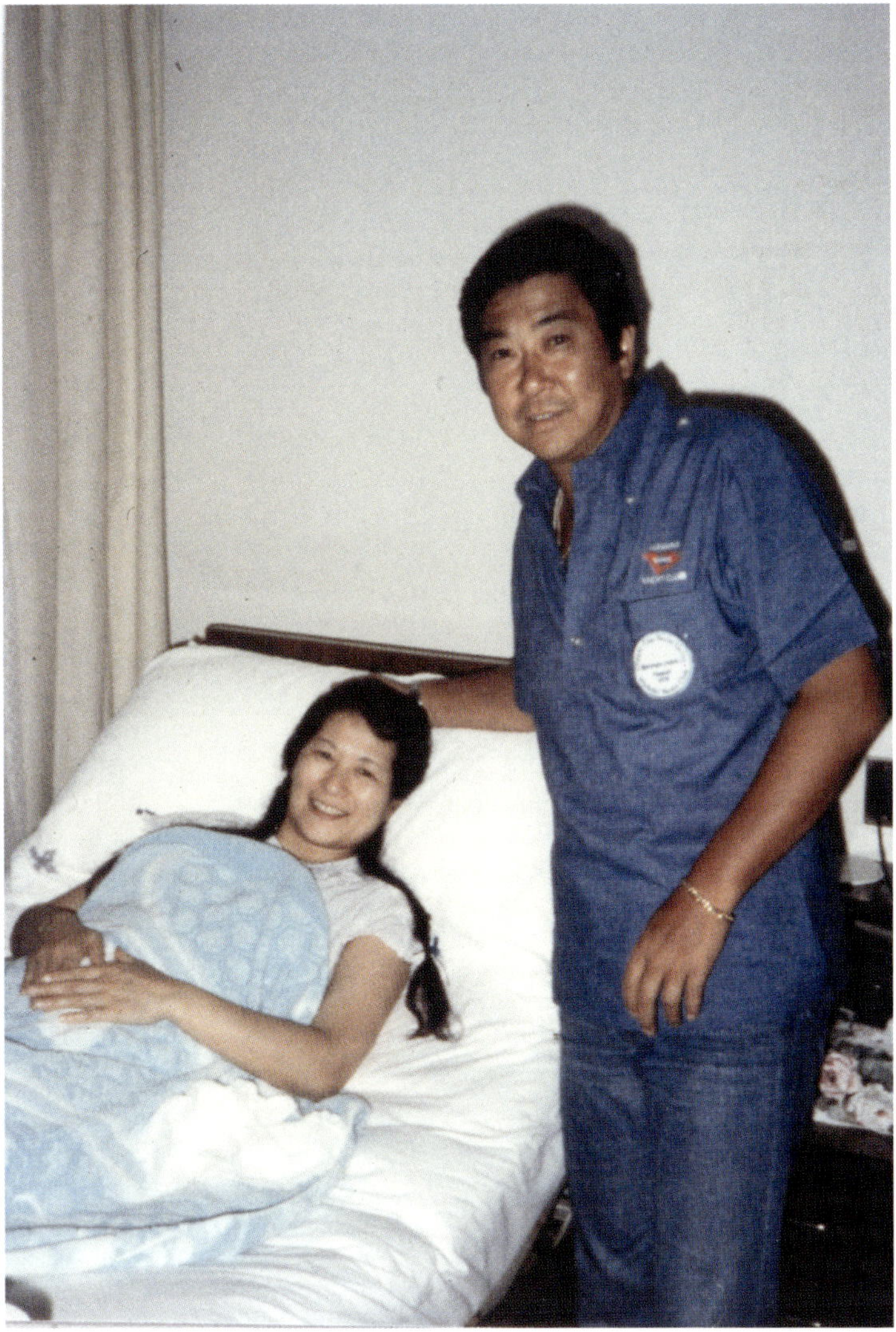

昭和55年。裕さんが大動脈瘤で倒れる前年、私が子宮筋腫の手術で入院したとき、裕さんは多忙時にもかかわらず、一日も欠かさず見舞いに来てくれたのです。

昭和55年。私の手術後、裕さんの友人の経営する芦原温泉で療養。毎年行く宿ですが、ここでのお酒、タバコ、豪華なお料理はこの日が最後に——。

けないのに。

手術を受けたのは、昭和五十五年の夏でした。私の筋腫はすごく大きくて、赤ん坊の頭くらいあったそうです。なんでも、過去の患者さんのなかで五本の指に入る大きさだったとか。

「石原さん、こんなことで有名にならなくていいんですよ」とか、「よく大事に持ってましたね。つらくなかったんですか」ともいわれましたが、まったく痛みはありませんでした。風邪を除けば私は健康体でしたから、子宮筋腫といっても病気のうちに入らないくらいでした。

定期的に検診を受けていれば、あるいはもっと早い時期に発見できたかもしれません。しかし、病院に対してはある種の拒絶反応があり、なるべく近づきたくなかったのです。

私はもともと健康体でしたから、病院というものに無頓着でしたし、結婚してからは、もし何かのことで私が病院にしばられるようなことがあったら、あの病気の多い夫をだれが世話するのか。いくらお手伝いさんでも世話できないだろうという不安がありました。それが精密検査を受けない第一の理由であり、ひいては病院嫌い、病院拒否となっていたのでしょう。

裕さんは二週間に及ぶ私の入院中、一日も欠かさずお見舞いに来てくれました。

仕事のある日でも終了と同時にどんなに遅くとも顔をみせてくれました。なにか私にお返ししているかのように通いつめておりました。

すぐバレたへソクリ騒動

裕さんの場合、〝石原裕次郎〟の顔そのものがクレジットカードみたいなものですから、現金やキャッシュカードはあまり持ち歩きませんでした。支払いはほとんどサインです。

それでもどうしても現金が必要なときがあります。たとえば床屋さんとか、料亭や待合いの仲居さんとか、ホテルのボーイさんなどに手渡すチップは現金でなくてはいけない。だから裕さんも、ある程度は持ちたいわけです。

それにしてもおかしなもので、サインをすることが習慣になると、今度は現金を持つのがやたらうれしいらしくて、裕さんは子供みたいになるのです。

で、そのうちに私に内緒で、裕さんがヘソクリを始めたのです。レコードの吹き込み料など、その場で現金でいただくものは、そのままポケットに入れていたようでした。裕さんはそのお金でみんなに食事をごちそうしたり、お酒を飲んだりしていたようでしたが、支払明細書などがポンとテーブルに置いてあるから、私にはすぐわかります。でも金額がそれほどでもないので、たいてい私は黙っておりました。

でも、裕さんがヘソクリするようになったということは、経済的に上向きになったわけで、私としてはほんとうは喜ばしいことなのです。経済的に苦しかったころ私が台所で一生懸命にやりくりしているときにはヘソクリするなど彼には耐えがたくいやだったろうと思います。事実、石原プロの困難な時代は、いくらヘソクリをしたくてもできませんでした。ですからヘソクリ、イコール余裕で、裕さんがたとえヘソクリをしたからといって、目くじら立てる気はさらさらないのです。

ところがある日、裕さんのヘソクリが公の場で表面化して、大笑いしたことがあるのです。男性誌に連載をやっているときでした。毎月入ってくる原稿料を前にして、石原プロのある社員に、「お前、これね、銀行で俺の口座開く手続きしといてくれよ」と。以前から軽い気持ちでポケットに入れていたのと同じ感覚でやったのでしょう。それに、私がその仕事のことを知らなかったので、これはチャンス！　と思ったのでしょう。

ところが、税務署からのクレームでバレたのです。源泉徴収票の金額が合わない、というのです。

「とんでもない。うちは何年間もまじめに申告しているのに、冗談じゃありません」

私は家計簿は全部きちんとつけていますから、そういって受け付けませんでした。ところが税務署は、もう一度調べてくれ、といいます。そこで数字を照らし合わせてみたら、出版社が振り込んだはずの原稿料のうち二百三十万円がへソクリだったわけです。

裕さんは現金さえもらってしまえばいいことで、それが源泉で引かれていることなどまったく無頓着《むとんじゃく》ですから……。

私は笑い転げてしまいました。石原プロの小林専務にしてみれば税務署をいったんハネつけたあとですから、もうカンカン。

「あんなちっぽけなお金でコソコソして。ああ、いやだ。いやだ。オレは恥ずかしい！　社長、どうせへソクリをするんだったら、もっとデッカクやってもらいたかった」

確かに裕さんには、そういう大らかすぎるところがありました。そのあたりがまたかわいくて憎めないところでしたが……。

〝正直〟の上に二文字がつく人柄だった……

「石原裕次郎は満開の花を咲かせた、そのときに散っていった」というのが、裕さんの最後の評価としてあります。若くて、みんなに惜しまれて、花を散り敷いたまま死んでいった、というものですが、私は、「そのとおりです」と認める半面、「そうではない。あの人はまだ満開ではなかった」と思うことがいっぱいあります。

本人にしても、まだまだやりたいことが山ほどあったでしょうし、こんな形で最後を迎えたことに、無念の思いが渦巻いていたに違いありません。

しかし、私は思うのです。石原裕次郎は、その人間性において、類まれなる人であった。その意味では間違いなく、満開の花を咲かせて散った――と。

彼は、私の夫であったという感情を抜きにしても、本当に声を大にしていいたいくらい、すばらしい性格の人でした。よくぞ神様が与えてくださったと思うほどです。

ですから、自分の夫が亡くなったということとは別に、こういう性格の人間がこの世からいなくなった、ということが残念でならないのです。

石原裕次郎のイメージは、いろんな方にうかがっても共通しています。生前の裕さんをご存じの皆さんは、「人間的な大きな包容力を持ったすばらしい人でした」と、口をそろえておっ

昭和55年元旦、成城一丁目のお正月。私どもは恒例のハワイ行きのため、留守中の裕さん愛用のロールスロイスにも新年の装いを――。

旧宅にすみついていたドロガメ君。裕さんは彼をこよなく愛し、新居に一緒に入れてやろうとしたのですが、冬眠中で、間に合いませんでした。

しゃってくださいます。妻としてとても自慢なのは、裕さんの悪口をいう人がいなかった、ということです。

たとえば、いつも問題ばかり起こしてしまう人がいて、彼について十人の人が討議したとします。そのうち九人までが、もう辞めさせよう、ボイコットしようといっても、残りのひとり、裕さんはたいてい反対意見を述べます。それも、

「そんなことをいったってかわいそうだから、もう少し様子を見よう」

などというのではありません。他の人より秀でた部分をその人の中に見つけようと懸命に考え、

「しかし、あいつにはこんないいところがあるじゃないか」

と、かばうのです。なかにはこんなおかしな理由もありました。

「でもな、あいつはわんこそばの食べくらべをやったときは、優勝したぞ」

裕さんはほんとうに心の広いやさしい人でした。そのうえ神経がこまやかで、まわりのみんなに声をかけて気くばりしていました。それもさりげなく気をつかって、明るい、楽しい気分にさせるのです。雰囲気づくりのとても上手な人でした。面倒見がいいので、皆さんに〝ボス〟〝社長〟と呼ばれ、慕われていました。

私がすごいなと思ったのは、人を陥れようとか、ライバルを意識するとかいうものが、いっ

さいなかったことです。それはほんとうに不思議なくらいです。

正直な人でした。何かを画策するとか、自分をかっこよく見せるために努力するとか、そんなことはいっさいしません。もう、自然のまま……。

石原プロの小林専務が渡哲也さんに向かって、冗談まじりにこぼしたことがありました。「うちの社長はほんとに人がいいんだからまいっちゃうよ。〝正直〟の上に二文字がついてるな」

人を疑うということも、ありませんでした。

嘘をつくことも、けっしてありませんでした。そもそも、相手が自分に対して嘘をつくなどと思っていないのです。そうなれば周囲もしだいに影響されて嘘をつけなくなってしまう……。

グチをこぼさない人でした。こぼさないから、私は困ったのです。あのときいってくれていたら、こうしてあげられたのに、なぜガマンしたのだろう……。そのために、私は後悔することがいっぱいあるのです。裕さんにはもっとわがままな男になってほしかった。

意外なことに、少し気の小さいところがありました。相手にいいにくいことがあったりすると、「ちょっと電話かけていってくれよ」と、私に頼んだりするのです。

たとえば、仕事のことでは小林専務に頼りきっているけれども、ときにはいいにくいことがあったりします。そうすると、私に代弁させるのです。

しかたがないので私もその伝言を伝えますが、最後にひと言つけくわえます。

「……と、社長が申しております」

小林さんも裕さんの性格はよくわかっていますから、「はい、はい」と受け止めてくれます。

裕さんの弱点といえばそれくらいでしょうか。

裕さんは、ある意味で〝孤独な人〟

海のような包容力、グチをこぼさない男らしさ、それでいて繊細な神経……。比類ない資質を持った裕さんを、語り尽くすことはできません。

しかし、あの人は自分の人生において、そのすばらしさを百パーセント生かすことなく、天に召されたのです。〝石原裕次郎〟という名前のために、犠牲にしなければならないことがいっぱいあったと、私は思います。それが家庭生活だったのか、はたして恋愛だったのか、それとも友情だったのか、仕事だったのか、私にはわかりません。

そしてまた、石原裕次郎という人の人生は、非常に孤独だった――。まわりに人がいないという孤独ではなく。自分の意思どおりに精いっぱい生きられなかったという意味での孤独……。

フッと青年期に入って、外見は身も心も若く見えても、石原裕次郎が世の中に出たとたんに何かにしばられてしまった。そういう意味で、彼は孤独だったのではないでしょうか。そういう意味で満足できなかったと思います。たとえば、おいしいものを食べても満腹はしなかった、という意味で……。そこらあたりはそんな表現だけではちょっと説明しにくいことですが。

裕さんの孤独感――。その満たされぬ心をなぐさめてくれたもののひとつに、庭の草花や緑の木々があります。裕さんはお花が大好きな人でした。しかもとても植物のことにくわしいのです。草花や植物の名前、その育て方なども実によく知っていました。

そんな裕さんの影響を受けて、私も草花についての知識を得るようになったのです。

55年。いまの家の新築工事地鎮祭。設計からすべて裕さん好みで施工。この地から古代遺跡が発掘され、古代美術に関心の深い裕さんは大喜び。

最初のうちは、花屋さんから四季折々の花を求めて楽しんでいました。ところがそのうち自分の手で咲かせたくなり、種子をまいて作るようになったのです。

裕さんがとりわけ好きなのは、胡蝶蘭は別としてアジサイとミヤコワスレです。私の実家にアジサイがあって、日に日に色彩が変わるその美しさに目を奪われたようでした。

それで株分けをして成城一丁目の庭に植えたのですが、毎年、それは見事な花が咲いてきれいでした。現在《いま》のわが家の庭にも植えましたが、まだ年期が浅く、昨年あたりからようやく大輪の立派な花が咲くようになったのです。でも、裕さんはそのアジサイをとうとう見ることができず、残念でなりません。

もうひとつ好きだったのが、かわいい紫色の草花・ミヤコワスレ。私の姉がその花が好きで庭にズラリと植えていたところ、裕さんがその愛らしさに感激したのです。

「マコの実家の庭の草花のなかでは、ミヤコワスレがいちばんいいなあ。なんてかわいいんだろう」

「じゃ、うちの庭にも植えてあげるわね」

などと話していたのですが、そのうち裕さんが倒れてしまい、それっきりになってしまいました。あれだけ裕さんが好きだったのですから、もう少し早く株をもらって庭に植えるべきでした。

私が胡蝶蘭の二番咲きを咲かせるのを非常に喜んで、来宅される方々に得意になって説明していたものです。その二番咲きの胡蝶蘭が今年は見事な枝ぶりです。

三世代のファンに愛された魅力

俳優生活を通して、裕さんは三つの時代を代表したと思っています。

一つはデビューした三十一年。この時代、若者は戦後の飢餓感からようやく解放され、新しい生活と、自由を求める生活に夢を大きくふくらませていました。

裕さんが『太陽の季節』『狂った果実』で演じたアンモラルな役は、日本じゅうのそうした若者たちに大きなショックを与え、新しい時代の到来を予感させました。

もう一つは、『黒部の太陽』『栄光への5000キロ』『富士山頂』といった映画づくりによって、同じ世代と日本の高度成長完成の実感を共有できたことです。

そして、もう一つは大ヒットしたテレビドラマ『太陽にほえろ！』『西部警察』でみせた冷静で勁《つよ》い〝ボス〟から結びつけられる〝父親〟のイメージです。

裕さんと同じ世代で世に出た人たちが、家庭を持ち、子供をもうけ、消費文化の氾濫の中で、失われつつある父親の本来の姿——。

裕さんがドラマで演じることによって、父親の復権を共有したのだと思います。

親子三代にわたっての裕次郎ファンがいらっしゃると、聞いております。

子供たちも裕さんに厳しくかつやさしい頼りがいのある理想の父親像を重ねたのではないでしょうか。

裕さんは、そうした時代の要求を自然に演じられたからこそ、多くのファンが限りなく愛してくださったのだと思います。

昭和55年1月、健康でたくましい裕さん。原色の赤のショートパンツがよく似合い、立ち姿に裕さんの魅力のすべてがみなぎっています。45歳。裕さん男盛り。

第四章　〝病魔との壮絶な闘い〟最後の六年間

裕さんは一生ケガと病気の繰り返し……

太陽と海とヨット――。色浅黒く健康的で、〝タフガイ〟〝ナイスガイ〟と慕われた裕さんでしたが、実はそれとは裏腹に若いころから不思議な持病がありました。毎年二月になると、悪寒を伴った高熱が出るのです。風邪をひきそうだな、と思うとすぐ熱を出し、それがだいたい四、五日ほど続きます。

しかも非常に熱に弱く、三七度になるともうフラフラになってしまいます。その熱がさらに急激に上昇して四〇度までいくことも多く、そうなると意識はもうろうとして、当然ながら仕事などできる状態ではありません。でも、裕さん、大丈夫かしらと心配していると、四日目くらいから熱がスーッと下がり、ケロッとするのです。そんな繰り返しの連続でした。

昭和56年4月24日、建築家の室井氏と友人の遠藤さん、大塚さんに手伝っていただいて裕さんは自分の書棚を整理。翌日倒れて、生死を賭ける、あの大手術の日がやってくるなんて、思いだにしませんでした。

おかあさまにおうかがいしたところ、裕さんは子供のころに肝炎を患ったことがあるのだとか、それと関連性があるのかどうかわかりませんが、とにかく異常なほど熱に弱い人でした。

裕さんの映画を見ていますと、作品のなかでものすごい鼻声のシーンが、たまに出てきます。それは、実は風邪をこじらせて熱を出したときのものなのです。

映画監督の斎藤耕一さんがまだ日活のスチール・カメラマンだったころの写真集『海とトランペット』の中に、撮影の合間にマスクをしてライトに温められているシーンがあります。それは高熱が出ている最中の写真で、風邪をひいてかわいそうだからというので、スタッフがライトで温めてあげているところなのです。あれはほんとうにつらかっただろうと思います。

そんな持病がありましたので、毎年二月になるとユーウツでした。高熱のときの悪寒が怖くて、ちょっと熱が出はじめると、私はもう大騒ぎ。

なにしろ、前身悪寒に陥ったら、もうどんなにふとんをかけようと何しようと、手の施しようがないのです。ただひたすら高熱が下がるのを待つより方法がなく、それが私にはいちばんつらいことでした。

私にとっては裕さんの高熱が、生活の中での一種の恐怖でしたが、結婚十年目あたりから、その恐怖をあまり感じなくなりました。高熱以上の苦しみが、次々に裕さんの身にふりかかってきたからです。

昭和四十六年三月二十四日、裕さんは仕事先の秋田で倒れました。風邪ぎみだったので心配していたのですが、恐れていたとおり高熱が出たのです。お医者さまの診断では、急性肺炎とのこと。

幸い手当てが早くて大事には至りませんでした。でも、念のために慶応病院で診《み》ていただいたところ、事態は思わぬ方向をたどることになりました。

前年度の石原プロ倒産の危機など、心労が重なったためでしょうか。このときすでに、裕さんの体は病にむしばまれていたのでした。病名は胸部疾患、つまり肺結核に侵されていたのです。

長期的な加療が必要ということで、四月八日、急きょ国立熱海病院に入院の運びとなりました。

それはスキー事故に続いて二度目の長い闘病生活でしたが、この期間に裕さんと私の心は、より深く結びつき、太い絆になったように思います。六か月間の療養のあと、ようやく十月に退院することができました。

その後は高熱もあまりなく、裕さんの仕事も順風満帆でした。昭和四十七年にはテレビドラマ『太陽にほえろ！』がスタートし、映画『影狩り』にも久々に主演。また、五十年六月には裕さんの芸能生活二十周年記念番組『石原裕次郎ショー』も放送。

大好きなヨットも、大いに楽しむことができました。

「トランス・パシフィック・ヨットレース」や、「アドミラルズ・カップ・レース」にも出場するなど、裕さんにとっては充実の数年間でした。

ところが、またしても裕さんは不幸に見舞われたのです。舌の裏側に、白い粟《あわ》粒大の異物ができたのです。その腫《は》れ物のことを、裕さんは最初は私たちに隠していました。

しかし、彼は私に打ち明け、検査のため、慶応病院に入院。昭和五十三年十二月一日のことで、奇しくもそれは、私たちの十九回目の結婚記念日の前日のことでした。診察にあたった先生に、即入院を言い渡され、何か不吉な予感がしました。

十二月四日、手術が終わったときに、私は先生と小林専務がチラッと目くばせする光景を見てしまいました。それっきり、おふたりはなかなか戻ってきません。まさかと一瞬、不安がよぎり、専務さんを探しに行くと、薄暗い廊下で棒立ちになったまま戸外を見つめている彼の後ろ姿がありました。呼びかけると彼は力なく視線を向けて、

「奥さん……いや、あとで話しましょう」

専務のとまどう様子に不安にかられた私は、

「いえ、ここで話してください。裕さんはいいんですか、悪いんですか？」

専務はつらそうに口ごもり、私から目をそらすと、ぼんやり表を眺めたまま。私がなおも食い下がり質問すると、根負けしたかのように、ポツンといったのです。

「悪性の疑いがある、と宣告されました」

あの腫れ物は舌ガンだったのです。そのときの衝撃は、言葉では言い表せません。虚《うつ》ろになった頭の中で、〝癌〟という文字だけが飛び交っていました。

先生の話によりますと、舌ガンは港町の船員さんたちに多いのだそうです。舌をマドロスパイプで年じゅう刺激してできるのだとか。

皮肉なことに裕さんの場合は、彼の魅力のひとつでもあった、あの乱れた歯並びが原因でし

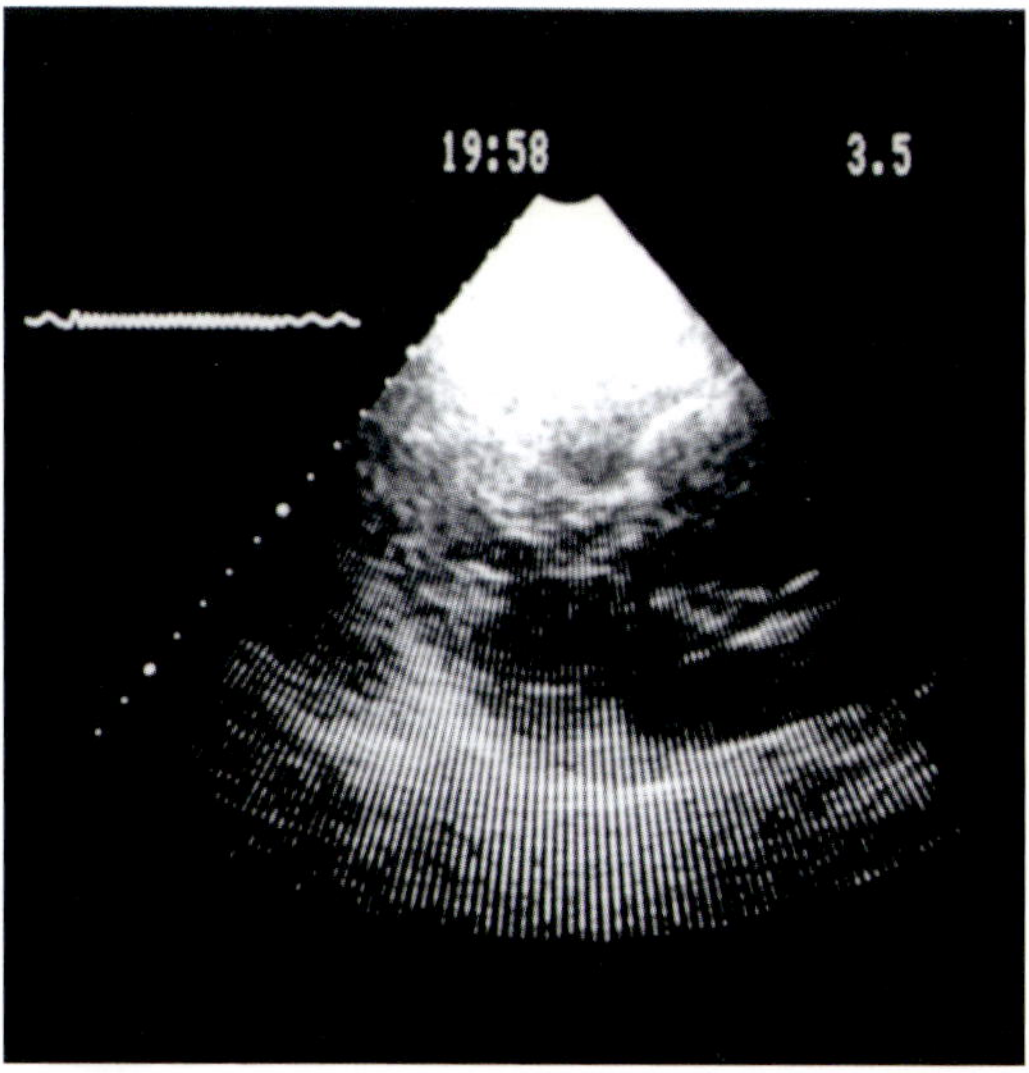

解離性大動脈瘤手術後の定期検査でとった裕さんの心臓のエコー像。

昭和56年4月25日。緊急入院後、「二週間で血圧が抑制できれば手術に耐えられる」とおっしゃる先生の言葉に賭けて、祈るような日々——。「今日も一日無事に乗り越えてくれた。あと何日……」と、一日が終わるとカレンダーに赤マルをつけて、危機を脱出するまでの緊迫した日々の記録。

昭和56年7月1日。4月25日入院以来、66日ぶりの入浴。お風呂好きの裕さんの待ちに待った日です。裕さんは大喜びでした。

た。

下の歯がいつも舌にあたっていて、その刺激のために腫れ物ができたのだそうです。最初はほんの粟粒大だったのがしだいに大きくなり、それにつれて激痛を伴うようになったのです。

悪性であることを裕さんに隠し通すため、私たちは病名を「舌下白板症」と公式発表いたしました。

そのために、裕さんの友人にも隠さなければならなくなり、仕事の面でも、たいへんご迷惑をおかけすることになってしまいました。

患部の摘出手術で一応快方に向かったかに見えましたが、しかし、退院後も症状は思わしくありませんでした。

ある日、夜中に私がフッと目を覚ますと、彼が痛み止めの薬を自分で塗っているではありませんか。ベッドにすわり、その塗り薬が乾くまでひとりでジーッと天井を見つめながら激痛に耐えている裕さんに、私は声をかけることができませんでした。見てはいけないものを見てしまったという、そんな気がしたのです。暗闇に浮かんだそのシルエットは、なんとも痛々しく哀れでした。

そのころから私は裕さんの気配で夜中に目を覚ますようになっていました。私に気づかせないように、ひとりで痛みに耐えている彼を見ていると、かわいそうと思いつつ、私は寝たふりをしていなければなりませんでした。

どんなときであっても思いやりを忘れない——裕さんはそんな人だったのです。

裕さんのこの突然の病気は、仕事の面にも大きな影響を及ぼしました。石原プロ制作のテレビドラマ『西部警察』がクランクインしたのに、裕さんのシーンだけ延期になっていたのです。そのためにも、舌ガンを短期間で治す必要があるわけです。小林専務はあらゆる病院を駆けまわり、その治療法を探しました。こうしていきついたのが、東大病院のレーザー光線をあてて患部をそぎ取る、という方法でした。手術の結果、痛みはとれました。

舌ガンは、最後まで裕さんを苦しめましたが、その痛みをやわらげてくださったのが東大病院の佐藤靖雄先生でした。

〝奇跡の生還〟――初めて書いた遺書

昭和五十六年四月二十五日――。この日、裕さんは『西部警察』のロケ中に背中と胸の激痛を訴え、救急車で慶応病院に運び込まれました。その少し前に私は彼と長電話で話したばかりでしたから、最初は何のことか信じられなくて……。

翌日の二十六日、井上正先生の診察で、「解離性大動脈瘤」の疑いが強まり、ただちに集中治療室に移されました。病状を説明されても私にはよくわからず、ただ、おろおろするばかりでした。さらに先生は、体じゅうの血液が一瞬凍りつくほど衝撃的な宣告をなさったのです。

「容態をみたうえで手術を行いますが、病状はきわめて危険な状態です。親族の方を呼んでください」

呆然と立ちつくす私に、小林専務が駆け寄りました。そして私の肩をしっかり抱くと、泣きながらこう叫んだのです。

「チキショー、ついてねえや！」

とたんに涙がドッとあふれました。私は小林専務の胸にすがって子供のように声をあげて泣きました。

愁嘆場からわれに返った私たちは裕さんの入院を外部にはいっさいひた隠しにしていました。しかし、やがてマスコミにもれることになり、慶応病院にたくさんの方々がお見舞いに駆けつけてくださいました。騒ぎはどんどん大きくなっていきます。ファンの方からの祈りをこめた千羽鶴もたくさん届けられ、胸が詰まる思いでした。

小林専務、渡さんをはじめとする石原プロの皆さんの励ましも、忘れることができません。手術に備えて、裕さんと同じA型血液の方を待機させてくださったのです。

裕さんの容態は、その後も悪化するばかりでした。血管がふくれ上がって破裂の恐れがあり、肺機能も低下。

そして五月七日、動脈が急激に膨張し、血圧抑制が不可能になったため、緊急に手術することになったのです。

それは、六時間半にも及ぶ大手術でした。気が遠くなるほどの長くつらい時間で、私はただひたすら手を合わせるばかりでした。

「神さま、裕さんを助けてください！」

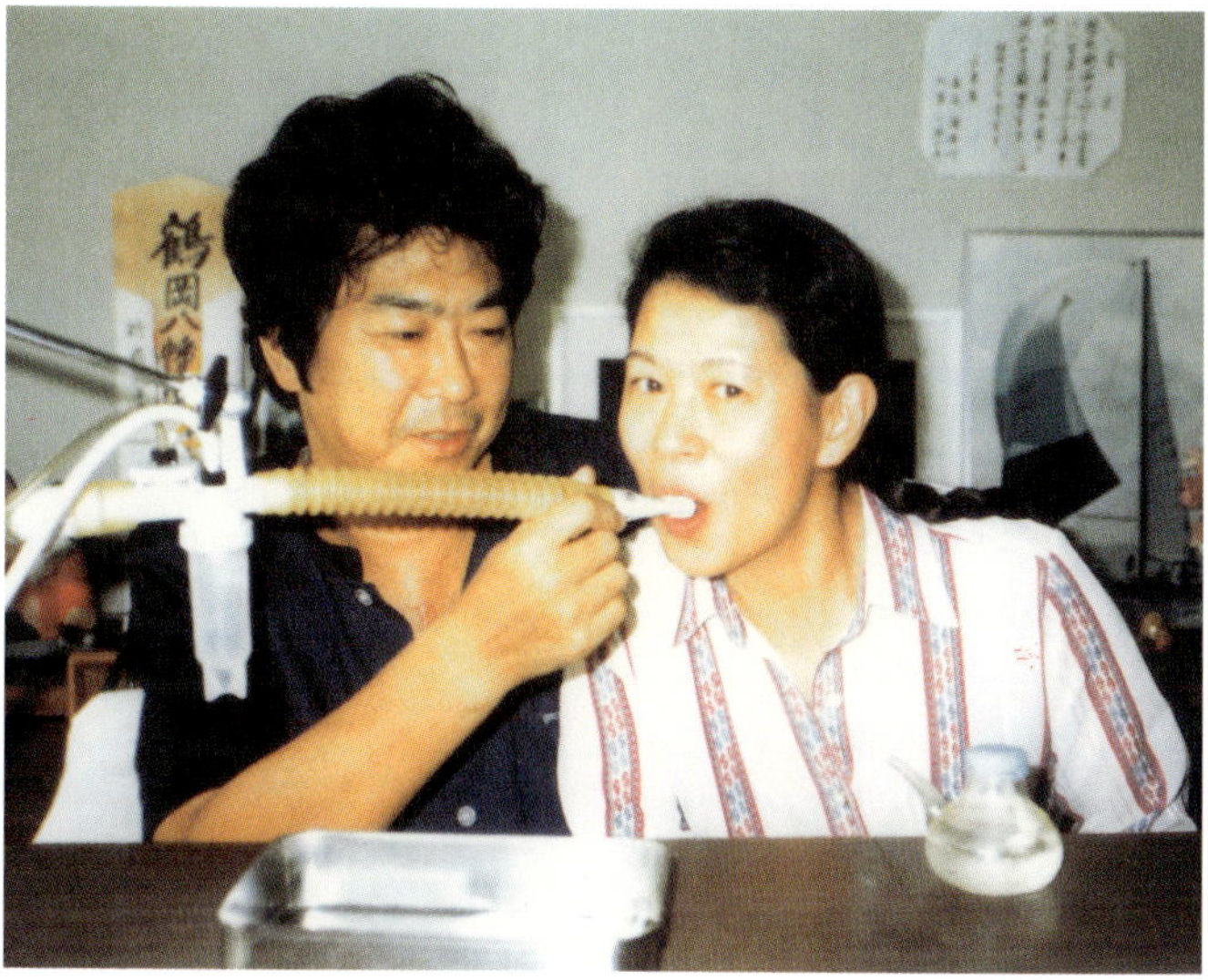

昭和56年7月4日。手術後、裕さんの肺活量が落ちたために肺機能回復の訓練中。その合間に、ちょっとしたいたずら……。

そして二十二時三十分、ようやく手術が終わり、先生のご説明をうかがった小林専務は控室で待っていた私に、Vサインを送ってくださいました。

渡さんとお義兄《にい》さまの慎太郎さんが、堅い握手をかわしています。小林専務もお義姉《ねえ》さまも、だれもが声を上げて泣いていました。

そのとき、だれかがいったのです。

「奇跡だよ、石原裕次郎に奇跡が起きたんだ！」

現代医学では大動脈瘤の手術を受けた患者の生還率はわずか三パーセントという低い確率でしたから……。

五月八日、裕さんの体からいろいろな管が取り除かれ、だれにともなくつぶやきました。

「ありがとう……」

弱々しい声ですが、それはあの懐かしい裕さんの声でした。

この手術により、私はあらためて〝石原裕次郎〟という人物の大きさを確認しました。なんと、入院中に延べ一万二千人ものファンの方が、慶応病院内の仮設テントにお見舞いに駆けつけてくださったのです。激励の手紙は五千通、花束の数二千、千羽鶴の束は一千を超えるほどでした。

裕さんは、こんなにもたくさんの人に愛されていたのです。妻として、それはこのうえない喜びでした。

井上先生をはじめとする慶応病院の諸先生のおかげで、裕さんは奇跡の生還を遂げました。

この大手術の後、裕さんの血管は、健康な人の二分の一以下の力しかなくなってしまいました。

このため、常に血圧を安定させるリラックスした生活と、血圧を上げない食事療法が必要となりました。

一日の塩分摂取量六グラムの食事療法は、こうして始まったわけです。

大動脈瘤は、〝不規則な生活が生んだ病気〟と一部報道されましたが、それは誤解です。

裕さんは、一見タフガイにみられていましたが、体質的に大動脈の位置が変形していて、心臓から送り出された血液が長年にわたって、屈折した壁にぶつかり、血管壁が薄くなっていました。

そしてあの日、その壁がついに破れてしまったのです。

ボロボロに傷ついた裕さんの体をもとの健康状態に戻すためにも、徹底した食事療法が不可欠。裕さん専属の看護婦、栄養士、料理人として、私のあわただしい生活が始まったのです。

裕さん自身整理していた入院中の記念写真のうちの二枚。内藤千秋先生（注・61年、日本女性として宇宙飛行士第一号に選ばれた）は、裕さんの主治医でした。

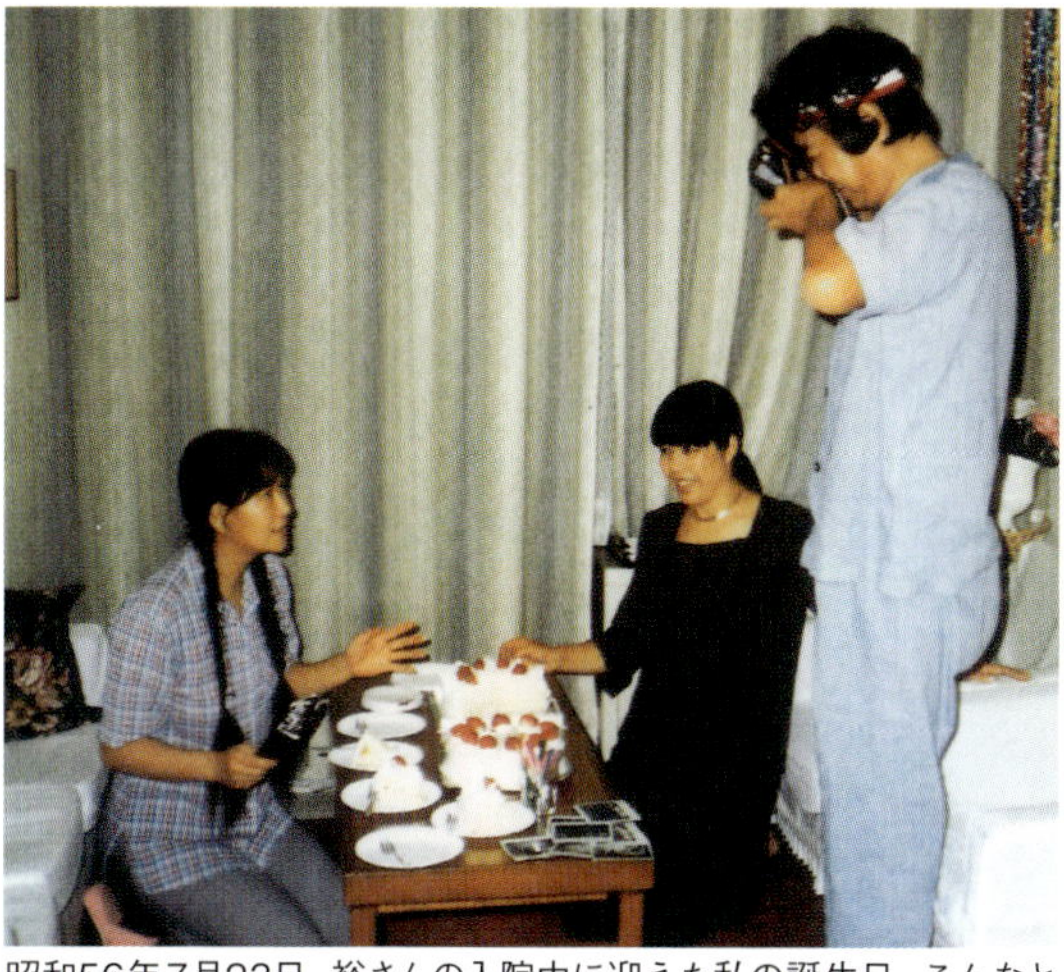

昭和56年7月23日、裕さんの入院中に迎えた私の誕生日。こんなときにもかかわらず、私のために百本の紫のバラのプレゼント。病室でささやかにお祝いを――。

私の手が足りない時は、姉と義妹が、手分けをして、料理の材料を揃えるために飛び廻ってくれました。手術から一か月経ったころ、

「奥さん、社長からラブレターですよ」と小林専務から渡された一枚の便箋《びんせん》をみて、思わず絶句いたしました。裕さんは大動脈瘤手術の前にひそかに鉛筆の走り書きで私あての遺書を用意していたのです。裕さんの心情があまりにも痛々しく、言葉を失いました。

その遺書は小林専務に託され、専務のポケットに折りたたんでしばらく入れておいたために、少し破れて黄ばんでいました。それにはこう書き記されていました。

「私儀石原裕次郎は左記するあらゆる物件（不動産、動産、有価証券、貴金属、指輪、古美術、絵画、車、ヨット）を妻・まき子に譲る」

あとは「物件」と書いて財産の目録が細かく記載されて……。

「万が一の時には小正《こまさ》、マコを頼むよ」

裕さんは遺書を手渡すとき、小林正彦専務にそういったそうです。

四年前――小林専務との衝撃的な会話

四年前の昭和五十九年七月十七日――。

その日は朝からじりじりと太陽が照りつけていました。裕さんがまたもや高熱にとりつかれはじめたのです。それが何日も何日も続いたのです。

もしかしたら、また血管の病気かしら……。七時間にも及ぶ大動脈瘤手術のことが、一瞬頭をよぎりました。

「裕さんがまた熱を出したんですけど、全然引かなくて。様子が変なんです」

小林専務に連絡しますと、彼は心配してすぐに駆けつけてくれました。専務の顔が、やけに真剣なのです。あ、やっぱり！　血管が膨張したんだ……。とっさにそう思いました。

ところが、思いもかけぬ病名が私の耳に飛び込んできたのです。

専務はしばらくいいよどみ、ふり絞るように、

「肝臓にね、影があるみたいですよ……」

私は何のことかわからなくて、

「えっ、何ですか？　それ」

と聞き直しました。

専務は私の顔色を計りながら、これはまずい、と瞬間思われたのでしょう。

「いや、奥さん、悪性と良性があって、まだ現状ではわからないんですよ」

専務は慎重に、ひとつひとつ言葉を選んで話を進めました。

じつは、一か月前、大動脈瘤の定期検査のとき、肝臓ガンが発見されていたのです。医師からそれを宣告された専務は、ひとりで悩み、どういう形で私に知らせるべきか、そのきっかけを探していたのです。

血管のことばかり頭にあったので、すぐには意味がのみ込めず、

「悪性、良性とは何ですか……」

「悪性だったらガンで、良性だったら腫瘍です。社長の場合は、肝臓の良性腫瘍のようですから。奥さん、早期発見の場合は大丈夫だと病院でもいってますからね」

小林専務は私をそう力づけてくれましたが、私は虚《うつ》ろな気持ちで黙ってうなずくばかりでした。裕さんは、また病気なのです。悔しくて涙がポロポロこぼれ落ちて、もう止まりません。

「ほんとにどうしてしまったのでしょうか、裕さんは」

私が思わずそうつぶやくと、

「奥さん、あなたはほんとにかわいそうだ」

専務と私は五十六年四月の大動脈瘤手術のときとまったく同じように抱き合ってしばらく泣きました。

「社長はいつもこんなことばかりしてますなあ。奥さんもこれで一生終わっちゃうんだったら、ほんとにかわいそうな女ですなあ……」

彼は二度も同じことをいって泣いていました。

今にして思えば、私と小林専務の涙の意味は、全く異なっていたことになります。私はそのとき、これから長く続くであろう裕さんの闘病生活を思って涙を流しました。しかし、専務は、裕さんの病名がほんとうは肝臓ガンであること、残りの人生はあまり残されていないことが悔しくて、男泣きしたわけです。

ひとしきり泣いたあと、小林専務が強い説得力のある調子で、

「奥さん、ここはどんなことがあっても負けないで……。僕、全力投球しますからね」

ふだんから何事につけ非常に説得力のある方ですから、このとき医師から話を聞くよりも、専務の話を聞いたほうが妙に安心できた

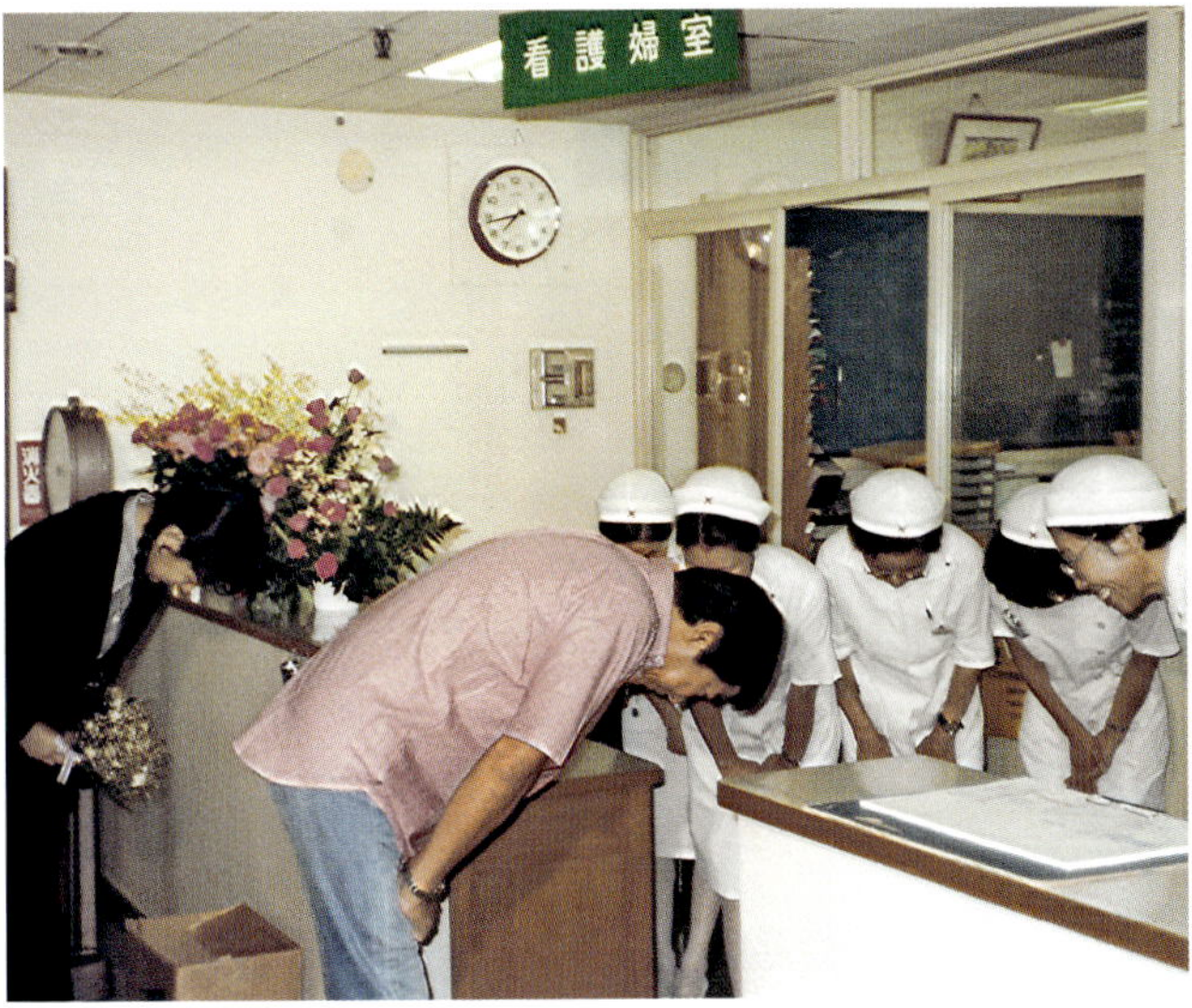

昭和56年9月1日、130日ぶりに無事退院の運びとなり、お世話になった看護婦の皆さんに感謝のご挨拶――。裕さんの人柄がよく出ているカット。

のです。そこで私は、

「じゃあ、専務、私にこれから一つだけ約束してください。専務は私にどんなことがあっても嘘をつかずに報告してください」そう申し上げたのです。

治療に専念しさえすれば必ず全快する、と、信じきっておりました。

〝奇跡〟の再来！　腫瘍が小さくなった

五十九年七月二十九日慶応病院へ入院――。再び私たちの長い闘いが始まりました。いちばん困ったのが食事の献立です。その前の大動脈瘤のときは、血管を強くする献立で、塩分は控えめでした。ところが今度は、肝臓を強くする食事でなくてはいけない。献立をこれまでとはガラリと切り替えなくてはならないのです。

そんなことをしたのでは、裕さんに病気のことを疑われてしまいます。私は途方に暮れる思いでした。

先生方が検討に検討を重ねた結果、七月三十日に実施されたのが〝カテーテル治療〟でした。これはいわば兵糧攻めみたいなもので、血管に管を通して抗ガン剤を投入し、直接肝臓にぶつけて、できている影をまわりから包んで窒息死させようというものです。

ただし、この治療の場合は高熱が出るので、抗ガン剤の分量はまさに手探り状態でした。

特に裕さんの場合は大動脈瘤の手術を受けているので、前例がないわけです。病理の臨床データがないのでリスクも大きく、治療にあたってくださった井上先生もほんとうに大変だったと思います。カテーテル治療を予定の半分行ったところで、裕さんが急にハワイでの療養を希望しはじめました。

「早くハワイに行きたいんだ。ホノルルで養生したほうが、早く治るような気がするんだ」

本人としてはこれといった自覚症状がないわけですから、無理もありません。カテーテル治療を一か月後にもう一度行うつもりでいましたが、けっきょく本人の強い意思を尊重するほかありませんでした。

ハワイへ出発する前日、九月八日のことです。万が一を考えて、CT（注・コンピュータ断層撮影）の検査を行ったところ、なんと不思議なことに、患部の腫瘍が半分に消えていたのです。小林専務に「患部半分崩壊」を聞かされて私は小躍りいたしました。

裕さんに、またまた奇跡が起こったのです――。

八月二十三日、慶応病院を退院。九月八日、CT検査。九月十三日ホノルルへ出発。十月十日帰国。

十月十五日腰痛ひどくなる。

昭和56年９月１日、全快祝いをしていただきました。ファンの皆さま、石原プロの皆さま、お世話になった多くの方に感謝。「四十六歳にして、もらった命――。新たな思いで頑張ります」と挨拶――。重労働、過労は厳禁、食事制限は続行という厳しい条件つきでしたが、うれしい門出。

十月二十一日佐藤教授診察（舌ガン）患部良好2分の1消滅。十月二十二日慶応病院検査。

十一月二十六日慶応病院エコー、CT検査。十二月『太陽にほえろ！』ロケで貧血を起こす。

十二月十六日、佐藤教授診察（舌ガン）。十二月二十二日、慶応病院検査、患部変化なし。

十二月二十八日ホノルルへ出発――。

こうしてこの年は過ぎていきました。

〝食事作り〟――私の悲願

大動脈瘤で入院したときから、制限の多い病院食では裕さんの口に合わず、食事作りは私の最も大きな仕事となりました。

この病気の場合はさらにむずかしくなったのです。以前の減塩食作りでなれたとはいえ、大動脈瘤手術を受け、さらに肝臓の腫瘍と闘っている人のための献立作りは、並み大抵のことではありません。

一日の塩分摂取量六グラムはそのまま維持。その一方でこれまでの高タンパク、低カロリー食を、高タンパク、高カロリー食に変え、しかもビタミンAを多くとるようにというむずかしい指示なのです。また次の指示では逆に高タンパク、低カロリーにしなさいというめまぐるしさで、素人の私はわけのわからないまま病人食や料理の本と首っぴきで、食事作りに取り組む毎日でした。

とにかく先生からの指示がめまぐるしく変わり、ずいぶん混乱もしましたが、八月二十三日の退院後は一日の塩分六グラム、高タンパク低脂質、ビタミンAを多めにとって、二一〇〇キロカロリー程度に落ち着きました。

それからは、一日に三十品目以上の食品をとるように心がけながら、裕さんが食べやすいようにと、目先を変えた料理作りの工夫を心がけました。

ひと口に塩分六グラムといいますが、日本人の一般の人の一日の摂取量の約半分量。それだけ味がうすい分、素材選びには特に注意して新鮮なものを選ぶため、買い物にも時間がかかります。でも裕さんが残さず食べてくれるときの喜びを思うと苦にもなりませんでした。

次に、目で食べてもらえるように、彩りを美しく、盛りつけひとつにも工夫をこらす努力をいたしました。

ですから、朝食はそうでもありませんが、昼、夕食は調理に二時間もかかってしまうありさ

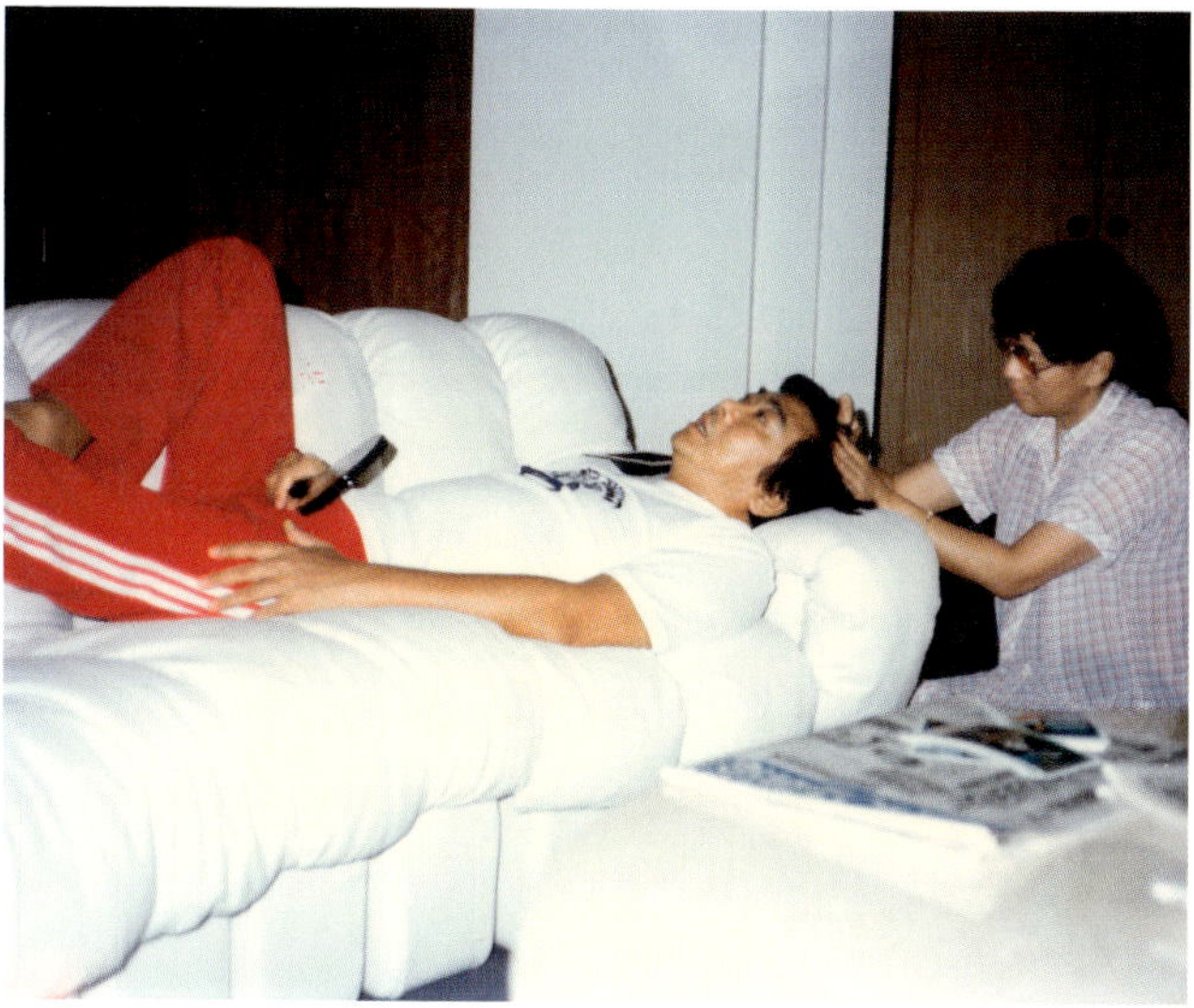

昭和56年9月9日。退院後、裕さんの頭皮に水疱ができ、かさぶたになるという状態が続きました。手術の影響だったのでしょうか。

ま……。

調味料も私独自の方法で、塩分が少なくてうまみのある自家製醤油、ソース等も考案しました。

裕さんのための食事作りには、他に次のような基本的な制限をしていました。

油は最小限度に用い、必ず植物油にすること。

化学調味料は用いず、塩分の少ない分、香辛料で味を引き立て、あまり刺激の強いものは使わず、胡椒、カレー粉、ナツメグ、生ショウガ等を風味づけ程度にする。

バターは用いず、紅花マーガリンか、リノールマーガリンで代用。

普通のパンには塩分が入っていますので、できるだけ無塩のものがよいのですが、やむをえぬ場合は、その塩分も、総量の六グラムの中に計算します。

裕さんが地方へ出張したりする場合、ホテルのシェフの方などにはあらかじめお電話で打ち合わせして前述の制約事項をメモでお渡しし、さらに自家製の調味ソースを持参して、食事の管理に協力していただくようにお願いしたものです。

再入院後も、石原プロの方々や友人の皆さんに付き添いをお願いして、私が食事作りに専念したのは、やはり口からとるものが一番の栄養だ、薬や点滴に勝るものだ、という信念からでした。

ですから、だんだん裕さんの食欲が落ちていっても、私は食事作りをけっしてやめなかったのです。

大動脈瘤の手術に成功した裕さんを待っていたのは、一日の塩分摂取量がわずか6gという厳しい食事制限でした。

私流の減塩メニューの一例と、そのポイントを紹介します。
①新鮮な素材を使う。味つけがうすくてもおいしいように。
②だし汁を通常の数倍に濃くとり、うま味を補う。
③酸味の利用。おひたしに酢やレモン汁をかけるなど。
④青じそ、しょうが汁、刻みねぎ、のりなどの薬味で変化を。

⑤わが家では、朝食は特製の野菜ジュースでしたので、塩分はゼロ。昼、夕食にそれぞれ3gを目安にして一日合計6gに。

副菜を三、四品と決め、塩分は各0・5g見当、残りを主菜に使えば、無理なく一日6gを守れます。栄養面からも理想的。

⑥市販の調味料も工夫すれば塩分を少なくできます（198ページ）。

また快復して、私の食事を平らげてくれる日を祈りながら――。

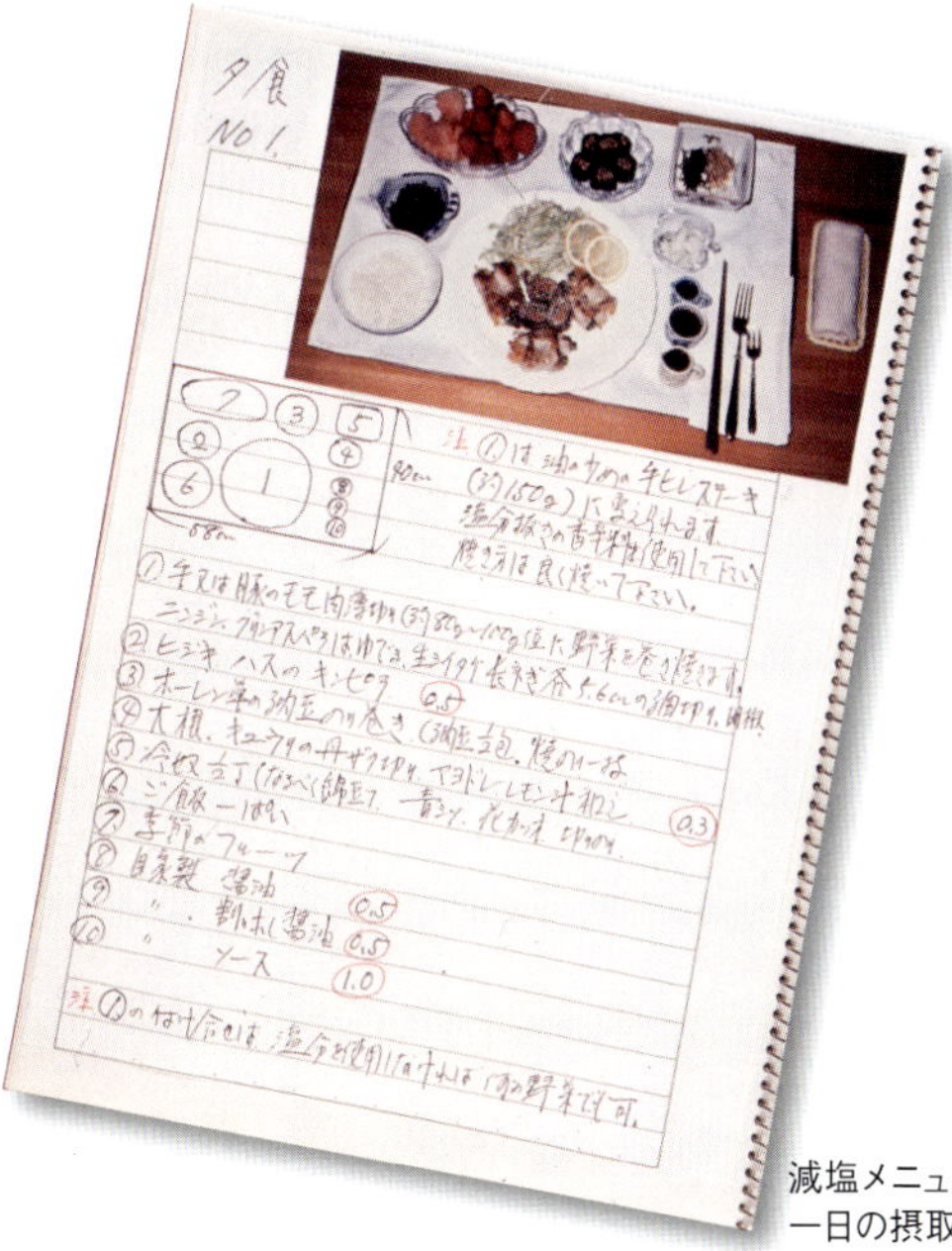

減塩メニュー
一日の摂取量はわずか6g。

『私の減塩料理メニュー日記』から

――大動脈瘤手術後の裕さんのための塩分1日摂取量6gの献立作り――

①オムライス／玉ねぎ、ピーマン、しいたけ、にんじん、えび。
ごはん120g程度、薄焼き卵1個分、ケチャップ大さじ2、コショウ
塩分2.0g
②グリーンアスパラのマヨドレレモン汁あえ　塩分0.1g
③わかめ、きゅうり、ツナ缶の酢のもの（ツナのオイルはしっかり絞る）
④小松菜とかまぼこ（20g）ののり巻き　塩分0.5g
⑤冷や奴／豆腐1/2丁、薬味ー青じそ、花かつお、のりなど
⑥フルーツ／すいか
⑦自家製醤油（⑤に使用）　塩分0.5g
⑧自家製割りだし醤油（③に使用）　塩分0.2g

①五目ごはん／にんじん、れんこん、干ししいたけ、さきがきごぼう、芝えび入り 塩分1.5ｇ
②豆腐と湯葉、グリーンピースのあんかけ 塩分0.5ｇ
③いんげんのごまあえ 塩分0.5ｇ
④さつま芋のレーズン煮、レモン仕立て 塩分ゼロ
⑤ほうれんそうののり巻き、削りがつお
⑥フルーツ／いちご、プリンスメロン
⑦自家製割りだし醤油（⑤を食べるために） 塩分0.2ｇ

①野菜のグラタン／白身魚、えび、ソイーズボール、マッシュルーム、芽キャベツ、カリフラワー、玉ねぎなど（ホワイトソースはつなぎ程度に少量使う） 塩分0.75ｇ
②さつま揚げ（無塩のすり身で）、大根おろし 塩分0.5ｇ
③冷や奴／豆腐1/2丁、薬味－ねぎ、のり、青じそ、しょうが
④春菊と納豆ののり巻き
⑤きゅうりとわかめ、ツナの酢のもの 塩分0.1ｇ
⑥フルーツ／メロン
⑦ごはん／茶わん１杯
⑧自家製割りだし醤油（④に使用） 塩分0.2ｇ
⑨自家製醤油（③に使用） 塩分0.5ｇ

調味料の塩分を少なくする方法

〈自家製醤油〉

無塩醤油が味けない人には、減塩醤油をミックスする。風味もよくなり塩分は一般本醤油の 1/4 の量ですむ。

理研の無塩醤油　3
一般減塩醤油　1
｝調合すると、小さじ２（10cc）＝塩分0.5 g

理研無塩醤油は→大さじ１（15cc）＝塩分0.5 g
一般減塩醤油は→小さじ１（５cc）＝塩分0.5 g
一般本醤油は→小さじ１（５cc）＝塩分1.0 g

〈自家製ソース〉

中濃ソースとウスターソースをミックスすれば、ウスターソースだけを同分量使うよりも少ない塩分ですむ。

ジャネフ減塩ソース中濃２
〃　ウスター１
｝調合すると、小さじ３（15cc）＝塩分0.5 g

〃　中濃は→小さじ５＝塩分0.5 g
〃　ウスターは→小さじ2.5＝塩分0.5 g

〈自家製割りだし醤油〉

濃いめにとったかつおだしに醤油をプラスすれば、おひたしや酢のものに多めに使っても塩分は少なめに。

だし汁200cc
一般本醤油
大さじ１
｝調合すると、大さじ１（15cc）＝塩分約0.2 g

（15cc）＝塩分3.0 g

56年9月19日、久しぶりに自宅ダイニングでとる食事。私が作った献立でも「病院で食べるのとは全然味が違うよ」と、しみじみ味わう裕さん。

銀婚式——つかの間の幸せ

暗い出来事が続くなかで、昭和六十年は、私たちにとっては〝平和な年〟だったといえましょう。

五月十八日には、芸能生活三十周年記念番組『石原裕次郎スペシャル』の放映。

また、六月二十四日には、石原プロ所属の神田正輝さんと松田聖子さんの結婚式の仲人を。

そして十二月二日、私たち夫婦は結婚二十五周年、銀婚式を迎えたのです。山あり谷ありの波乱に満ちた二十五年間でしたが、私は裕さんと結ばれてほんとうによかった、裕さんのそばにいるだけで幸せでした。

銀婚式のお祝いは内輪だけでささやかに行いました。

病気を隠す闘いの日々

〝タイトロープ〟という言葉のように、闘病生活はまさしく綱渡りの連続でした。私は裕さんに気づかれないよう、細心の注意を払って全力投球しました。

他にもう一人、気をつかったのが、実はお手伝いさんでした。長いことわが家にいるお手伝いさんは、私が台所でやっていることを一部始終見ていますので、女の直感というもので何か不審に思っていたはずです。

ついこの間までは減塩、減塩、高タンパク、低カロリーといっていたのに、突然、今度は奥さんは目の色を変えて別の料理を作っている。しかも裕さんが嫌いなレバーなどを一生懸命工夫したりして……。どうしてそんな料理を作るのだろう、変だな、おかしいな、と思うのは当然です。それに、「今日はあれをして」「これが欲しい」「あれはいらない」と、そのつど目まぐるしく献立が変わるのですから、だれだって不審に思います。

しかし、万が一のことを考えると、身内同然の彼女さえもごまかさなければいけないのです。私にとって、これはずいぶんつらいことでした。

けっきょく、裕さんには最後まで病気のことは知られずにすんだわけで、それが私の唯一の救いとなっています。それもこれも、石原プロの方々や遠藤さんなど、まわりの皆さんの徹底したご協力があったからだと、感謝でいっぱいです。

いま考えてみますと、われながら、よくあんなすさまじい戦争をしてきたなと、しみじみ思います。

私は病院や石原プロとひそかに連絡し合わなければいけないので、裕さんが家にいるときは、電話にも気をくばりました。居間で皆さんとこれからのことを相談しているとき、三階の裕さんから私に電話がかかってくると、私は家事室で受話器をとったように話をするのです。

「まだ、上にこないの」とか、「何時までかかるの」と聞かれると、「もうすぐよ」とやさしく答えてあげるのです。本当は裕さんの病気の相談で涙ぐんでいても、裕さんにはケロッとした声で明るく返事をする演技力が必要でした。幸い、私が元女優だったからこそ、ごまかしの瞬間の切り替えができたのでしょう。

一方で、裕さんは病気と必死に戦っていました。

減塩食が普通食に戻ったときが、病気に打ち勝ったとき、と信じてあえて健康であればけっして口にしない料理を黙々と食べていました。それに、衰えていく筋肉の回復のために、無理が許せる範囲で自ら足腰を鍛えていました。

そしてベッドの中で退院後の夢を〝ヨットレースに出場したい〟と目を輝やかせながら語ってくれました。しかしガンは急速に進んでいったのです――。

ハワイでの療養に賭ける

幸いなことに、裕さんは本当の病名を知られずにすみましたが、しかし、裕さんはいつも、「俺の病気は何だろう?」と、半信半疑でいたことも事実です。しかも、それをまわりの者に

昭和56年11月26日、復帰後初の仕事となった『太陽にほえろ！』の録画どりのため、国際放映へ。凛々《りり》しい出で立ち。これで完全に社会復帰できると思いました。

なにげなく問いただすので、それぞれが返事に困っておりました。

「こうだからですよ」と、もっともらしく答えると、「だったら、どうして熱が出るんだ?」と、すぐに矛盾点をついてきます。だれもがグッと返す言葉に詰まっていました。

それでも、急場しのぎに、「裕さんだけ、そういう体質なのよ」と、一度ぐらいはごまかせます。

「いや、それはおかしい。そんなことはありえない。この熱の原因は、絶対に人にいえない悪い病気があるからだと思う」

そういわれるたびにつらさは増すばかりで、なんとか話をそらすように努力したものです。

本人が漠然と死を意識するようになったの

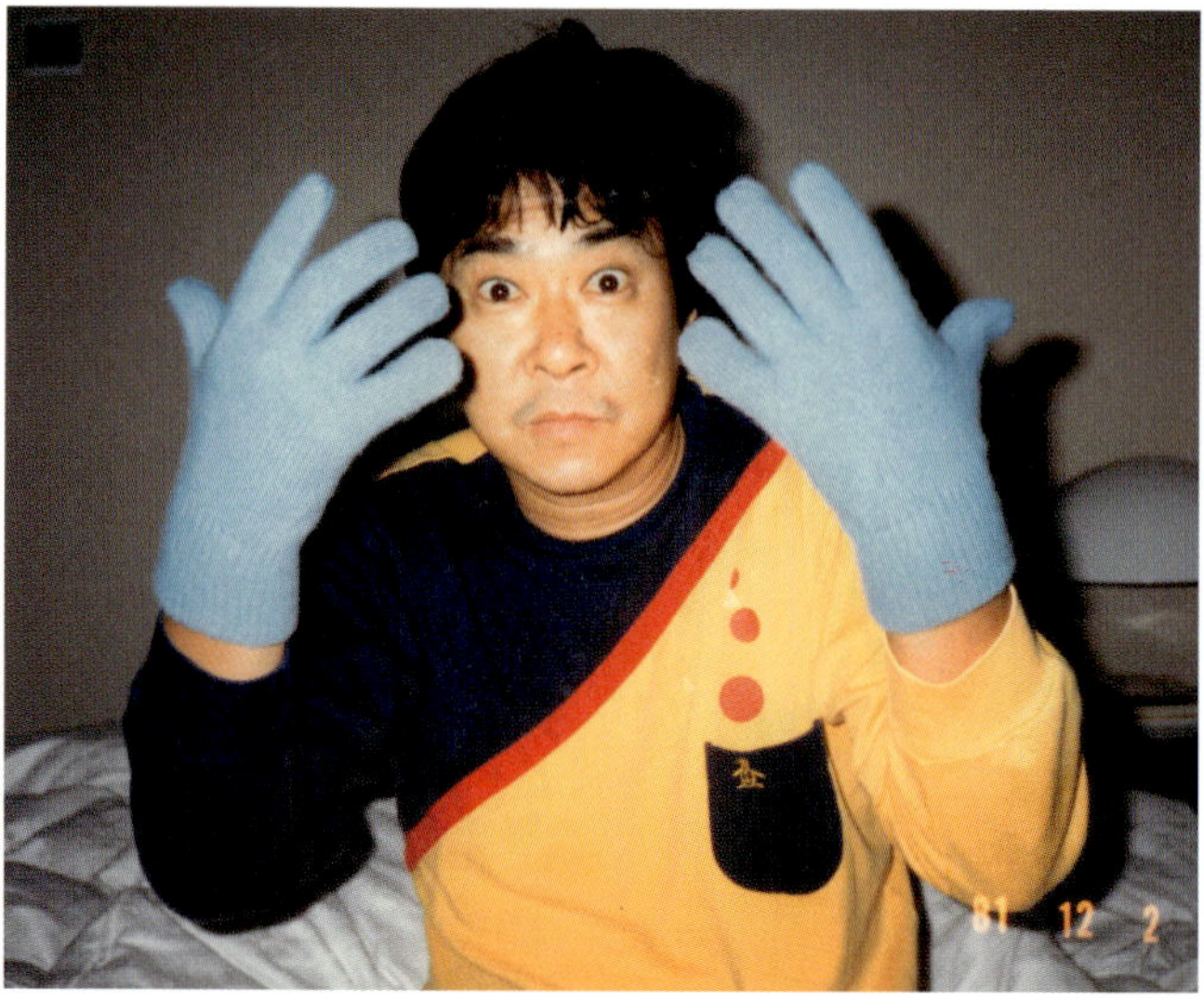

昭和56年12月2日。後遺症のため指の皮膚が少しくずれ、一時期手袋で保護。結婚記念日のお祝いも、ほどほどにきりあげました。

は、静養でホノルルに立つ一か月前、六十一年十月ごろだったと思います。ある日、小林専務と三人で話していると、裕さんがポツンとつぶやいたのです。

「俺はいったいいつまでこういう状態が続くんだろうな、俺はもう、長くないな。このまま死ぬのかもしれない。この家で葬式出すのは大変だろうな」

私の表情から何かを探るような、そんな目をしていうのです。私は悲しくて、つらくて、胸が詰まってしまい、

「また、そんなバカなことを。冗談にもそんなこといわないで！」

と、強い調子で反論するのが精いっぱいでした。

思いがけない裕さんの言葉に、小林専務も

昭和56年9月1日。わずか三パーセントの確率に賭けた手術が成功した直後に、片目を入れたダルマ。退院を祝って、両目を入れました。

不安を感じたようでした。

「社長、何をいうんですか、気弱なことを。ハワイに行ってらっしゃい、元気出るから」

そう叱咤《しった》激励し、ホノルル行きを強くすすめてくれたのです。でも、落ち込んでしまった裕さんの気分はいっこうに上向きにならず、御神輿《おみこし》を上げさせるのにたいへん苦労しました。

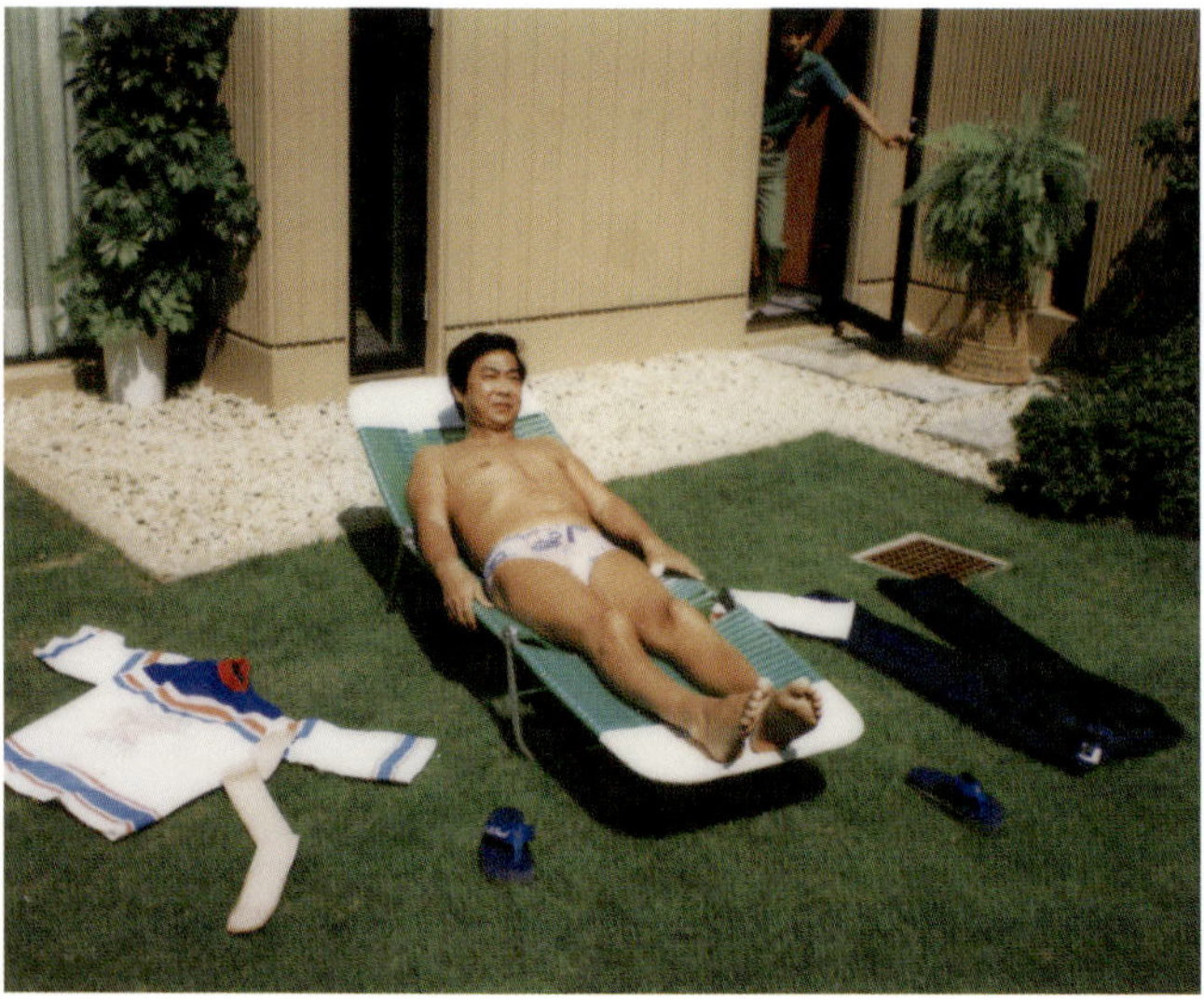
昭和56年9月18日、自宅の前庭で。病院の雰囲気を一気に吹き飛ばすように衣服を脱ぎ捨て、太陽をひとりじめ。退院後最もうれしそうな裕さん

死の恐怖におびえる裕さん

ハワイ滞在中は腰痛や発熱に悩まされつつも、六十二年二月二十四、五日には、最後のレコーディングとなった『わが人生に悔いなし』『北の旅人』も無事収録をすませました。

三月に入ると気分のよい日と悪い日が極端に目立ちはじめ、以前から記録していた体温、血圧のデータ表を毎週病院に送り、現地の病院でも血液検査などを続けておりました。

一時はゴルフも三ホールほどまわると、疲労や腰痛のためにがっくりして帰宅する状態でしたが、四月十日には、このハワイ滞在ではじめて、九ホールをまわって、とても楽しそうにしておりました。こんな楽しそうな裕さんはほんとうに久しぶりでした。

四月二十日に慶応病院へ入院の予定になっていたので、四月十六日、帰国。

十六日に、あんなに元気で、成田空港でもファンの皆さまにガッツポーズを見せた裕さんですが、帰宅中の車内で発熱。夕方は九度六分という最悪の状態でした。

二十四日、二度目のカテーテル治療をしましたが、造影剤に対する拒絶反応が出て、非常に痛がり、苦しんで、この治療は中断せざるをえませんでした。

ほんとうは、このまま入院して治療を続けたかったのです。しかし、本人には「検査のため十日間入院」といってあるので、一時退院をよぎなくされました。退院予定の五月一日が、発熱のため一日延びて、二日にわが家に戻りました。

病院での付き添いと自宅看護では、やはり私の疲労のぐあいがまるで違います。自宅看護の場合、食事の支度から身のまわりの世話まで全部一人でしなくてはいけないので、正直いって不安です。

でも、私はやっぱり裕さんとふたりっきりのほうがいい。どんなに看病で疲れようと、ひとつ屋根の下で暮らせるそのほうが、何倍も幸せなのです。裕さんの退院を許可してくださった

昭和56年12月。裕さんは頭のてっぺんからつま先まで当日自分で決めるオシャレです。靴も一一。私が磨いておいても、さっと自分で磨き上げてお出かけ。

先生方に、私は深く感謝をしました。

ところが喜びもつかの間、退院した翌日、三日から再び高熱に襲われはじめました。解熱だ、点滴だと、その闘いだけで一日が過ぎるといった状態でした。

とにかく私は、どんなことをしても裕さんの口にものを入れなくてはいけない。そればかり考えていたので、熱が少しでも下がり、精神状態が安定してきたら、そのときを狙って、それっと食べ物を口から入れるようにしました。そのことだけに集中していたので、裕さんと会話を交わすとか、ほかのゆとりはまったくありませんでした。

そして、退院三日目のことです。朝、ベッドルームにそっと様子を見にいったところ、裕さんが恐怖の顔でひきつっているではありませんか。

急いで手を握ると、両手の指が完全にしびれている。あわてて私は冷たくなった手足を懸命にさすり続けました。するとだんだん温かくなってきて、それにつれてしびれも止まりました。血液の流れが悪い、つまり酸素が体のすみずみまで届かないために手足がしびれる。それがこのとき顕著に症状として現れたのです。たび重なる闘病生活で、私もいくらか医学知識を身につけることができましたが、困ったのはそのあとです。

初めての症状だったため、裕さんの落ち込みが激しくなって、すごく気弱になってしまったのです。

「ママ、知ってるんだろ」

私がほんとうのことをいうわけがない、とわかっていながら、言葉少なに問いかけるのです。

私は感情を押し殺し、さりげなくその場をとりつくろいました。そして食事の支度を始めましたが、裕さんの精神的な落ち込みはますますひどくなっていきました。

そのときの裕さんの気持ちは、私の推測ではほんとうのことを知ったときの恐怖感もあったと思います。強く聞きたいのだけど聞きたくない――、裏目に出たら恐ろしい――。そんな裕さんの気持ちを考えるとかわいそうで……。

私が家事室で献立を考えたりしていると、すぐに二階の寝室からインターホンで呼ぶのです。

「ねえ、何時ごろ上がってこれるの？」

「そうね、三十分くらい」

そうはいっても、あれこれ用事を片づけていると、時間はたちまち過ぎてしまいます。すると、

「まだ～」

心細いから、常にそばにいてほしいわけです。その気持ちが手にとるようにわかるだけに、私の心は痛むばかりです。元気なころは、針の細さほどの日がさしても寝られない人だったのに、暗闇がまったくダメになりました。夜を嫌がるのです。いつの間にか裕さんは、明かりをつけて眠るようになっていました。

昭和57年元旦、久しぶりに日本で過ごすお正月。自宅で、ふたりだけでおとそを祝いました。大手術に成功したお礼と、今後の健康を神さまにお祈りして——。

その夜のことです。真夜中に「アアーッ」と恐怖にひきつったような声を出し、パッと飛び起きたのです。

「どうしたの?」

驚いて声をかけると、裕さんがおびえた表情で荒い息をついているのです。

「死ぬかと思ったよ」

怖い夢を見てうなされたようでした。

「大丈夫よ、裕さん」

私は裕さんのベッドに駆け寄り、その手をそっと握り、私の両方の手でやさしく包み込んであげました。

私は子供を育てたことがないのでわからないのですが、子供はおびえることがよくあるので、そのときには親がどういう行為を子供にしたら落ち着くかというと、恐怖におびえるその手を両手でそーっとやさしく包んであげることだそうです。私は以前、友達から聞いていたこの話を、そのときフッと思い出したのです。だれでも恐怖におそわれたときは子供と同じようなものだから、両方の手でやさしく包んであげればいいのではないか、と。

ベッドの下にすわり、そうやって裕さんの手をそーっと握りしめてあげると、彼はしだいに落ち着きを取り戻してきました。

そして明け方近くに再び眠りについたのです。
安心しきったように軽い寝息を立てる裕さんの顔を見ながら、私は安らかな日々が続きますようにと、祈るばかりでした。

《看護日記》より

昭和六十二年五月二日

一日に退院の予定が早朝発熱、七度二分のため中止で、一日延び今日になる。（中略）二十時三十分、突然高熱、九度一分。びっくりする。専務、金宇氏来宅。心配。座薬。一時間後〇・五分下がる。

五月三日

清水先生、点滴のため来宅。
ステロイド三〇ミリぐらい使用。

五月四日

ステロイド三〇ミリグラム使用。
九時半七度。ステロイド一〇ミリグラムふえたにもかかわらず効果がない模様。……（中略）専務と遠藤さん、心配で帰宅できず。五日三時まで待機して下さる。様子を見に三人でベッドルームへ。発汗激しく、皆びっくり。急いでパジャマ、ふとんカバー、枕カバーを取り替える。

五月五日

九時半、七度八分。目が覚めると同時に両手、指先、体全体にしびれが起き、両足先が氷のように冷たい。

いままでにない症状ゆえ恐怖感が強く、初夏の気温なのに電気毛布、温枕、暖房。それでも体温下らず。気分の落ち込み激しい。

気弱。十時、朝血圧、ステロイド一〇ミリグラム使用。清水先生の点滴開始。十一時半。

両手足のしびれ、やっと正常に戻る。（中略）

十五時、慶応病院入院のため家を出発寸前、心ない取材陣のために出鼻をくじかれ、機嫌最高に悪し。渡氏、来宅して下さったのに、結局、取材陣をまくために協力して下さる。十六時三十分、自宅出発。

後ろ姿が悲しい。遠藤氏の慰めで涙が出る。

金宇氏、腰痛にもかかわらず、また病院に先発する。大塚氏、病室のチェックのため先発。

アベ氏、取材陣整理のためパトカーを呼ぶ。

十七時三十五分、主人より病室からＴＥＬあり、体温下降の様子がうかがわれホッとする。

……（以下略）

六十二年五月五日・再入院までの人間ドラマ

退院四日目になっても熱が下がらず、食欲もないので小林専務と相談の結果、再入院することにしました。ところが、裕さんはどうしても病院に行きたがらないのです。

「社長、つらいでしょう。苦しいでしょう。でも、ここじゃ万全の看病ができないから、治療ができない」

専務がいくらすすめても首を縦に振ろうとしません。いろんな手を使ってもテコでも動こうとしないのです。考えたあげく、専務は私を材料《ダシ》にして説得を始めました。

「これじゃ、奥さんが上がったり下がったりで食事を運ぶのも大変だから、この熱が治るまで病院に入りませんか。奥さんがかわいそうです」

それでもイヤだというのです。もう、言葉もありませんでした。それで最後の手段、非常に悲しい言葉を私は言ったのです。

「悪いけど、裕さん。私のために病院に入ってくれない」

「どうしてだ」

「悪いけど、寝られないのよ、私」

口にしたくない、つらい言葉でした。裕さんの病気を治すためにも、どんなことをしてでも

入院させなくてはいけないという、私の必死の作戦でした。すると、しばらく考えたあとで、

「そうか。じゃ、いいよ。おまえのために入るよ。そんなにいうんだったら、おまえのために入るよ」

きつい言葉で、私の顔を見ながらいったのです。裕さんの怒った顔にとまどい、私はいたたまれない気持ちでいっぱいでした。裕さんにしてみれば、自分がいちばんつらいときに、なんでふたりとも身勝手なことをいうんだと、腹立たしかったと思います。

でも、しかたがないのです。裕さんを再入院させる手段として、専務も私も心を鬼にしたのです。私をいくら怒ってもかまわないから、どうか裕さん、病院にもう一度入院してください。そして今度こそ病気を治しましょう。私は心の中で裕さんにそう詫びながら、入院の準備にとりかかったのでした。こうしてみんなが裕さんをだましだましやっと下に降ろしたところ、玄関の所で待っていた渡哲也さんが、

「ちょっと待ってください」

外に写真週刊誌のカメラマンがいる、というのです。私は悲しくなってしまいました。同時にマスコミに対して怒りを覚えました。石原裕次郎がいま、どうなのか、ファンのために情報を得たいという気持ち、わからないこともありません。

しかし、こんな裕次郎の痛々しい姿をさらけ出すわけにはいきません。ましてやいまは、一

刻をも争う危機なのです。――そのことを、皆さんはどうしてわかってくれないの！――

私は、思わずそう叫びたい衝動に駆られていました。裕さんは？　と見てみると、力なく椅子にすわっており、気分が悪くなったのか、真っ青な顔が土色に変わり、あぶら汗がだらだら流れています。腰が痛むらしく、手でかばってつらそうです。

もう、最悪の状態でした。でも、このチャンスを逃したら、また病院に行かないといい出すかもしれない……。

そんな状態がしばらく続いたあと、渡さんが囮《おとり》になり、そのすきに私たちは裏玄関から脱出することにしました。そのとき、裕さんがふと立ち止まって小さな声でいったのです。

「もう二度とここの家には帰ってこれないだろうな」

「そんなこと……」

「何いってんですか、社長」

とみんなが裕さんを励ましましたが、裕さんは無表情のまま、サンダルを引っかけて玄関を出ていきました。

その後ろ姿がなんとも悲しげでした。六十二年五月五日、これが裕さんの愛した自宅との最後の別れとなったのです。

●闘病中に見せた明るい素顔①

昭和57年2月3日、節分。キッチンで豆まき。「鬼は外」「福は内」と童心にかえって、というより本心から「悪鬼を払い」「福」を願ったものです。

昭和57年3月30日、裕さんが大好きなダリの展覧会を見に伊勢丹へ。話もせず、じっと見入って、ひとりだけの世界を楽しんでいたようです。もしかしたらダリと対話していたのかもしれません。

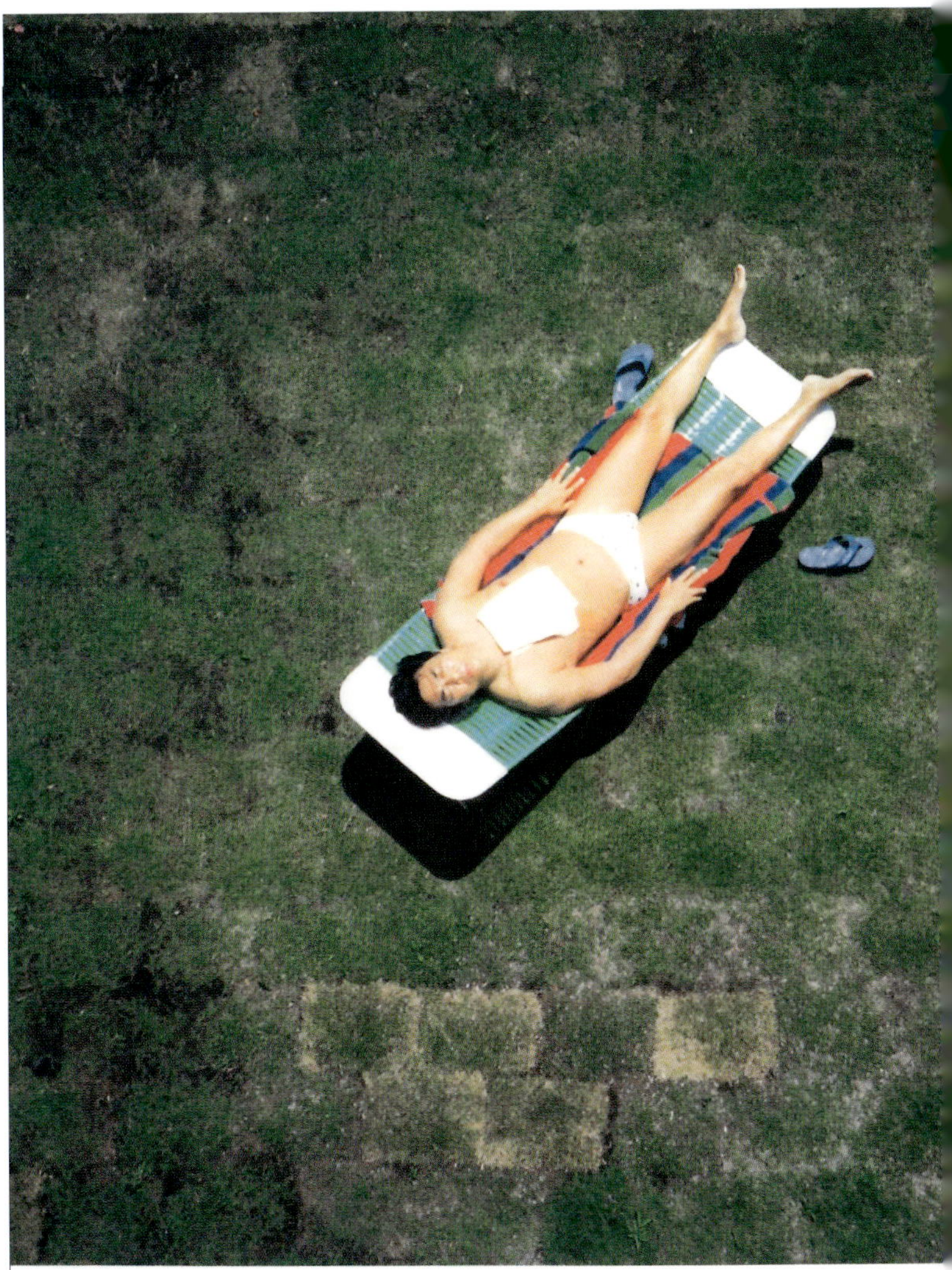

昭和57年5月26日。前年の5月7日に手術をしてはや一年が経過しました。キズあとを見なければ、大手術をした体とはとても思えないほど健康そうになりました。思いっきり大好きな日を浴びてお昼寝。芝の張り目がふさがるころには裕さんもきっと回復していることを願いながら、シャッターを押しました。

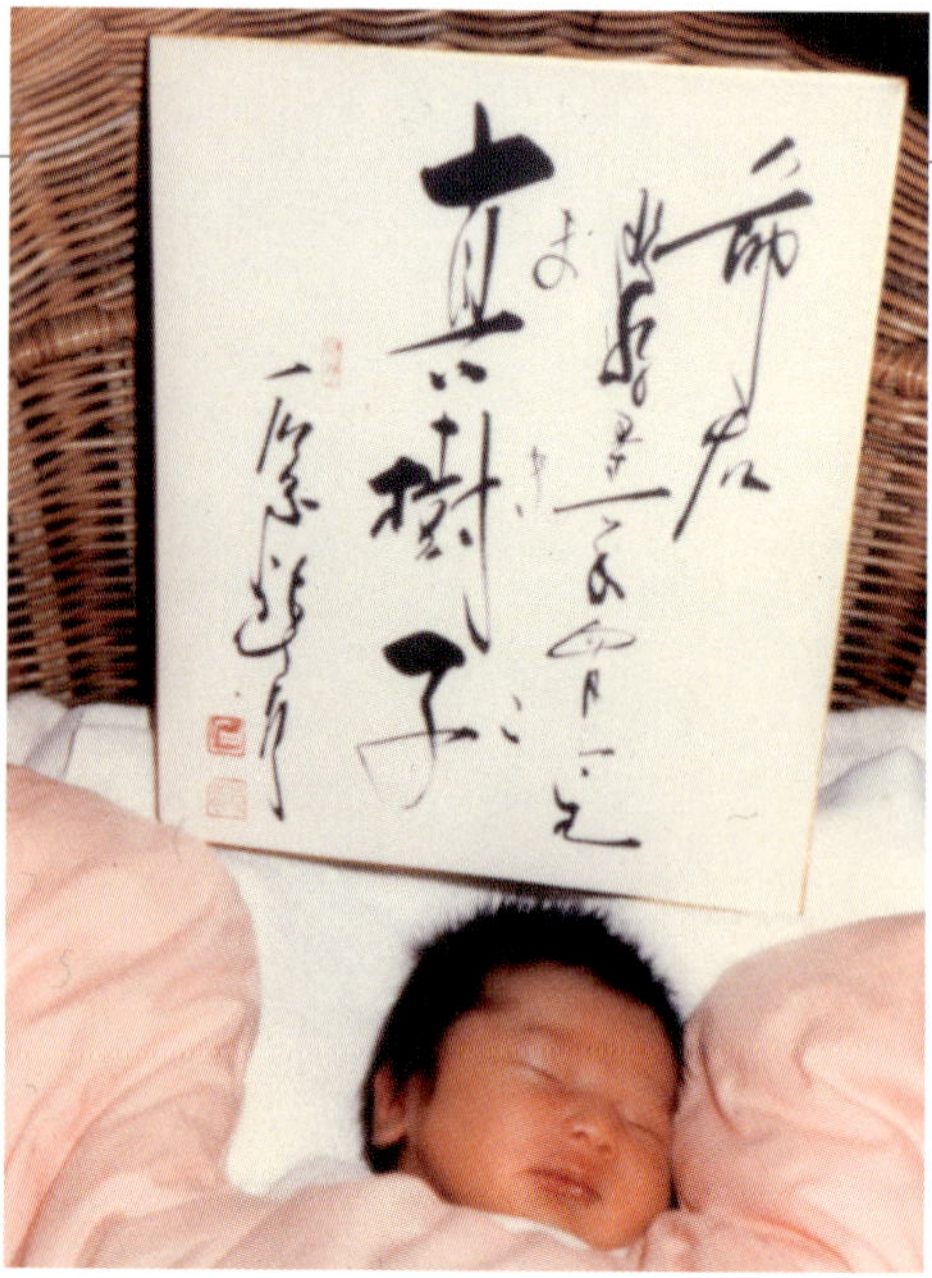

●闘病中に見せた明るい素顔②

昭和56年4月。4月1日に生まれた建築家の室井さんのお嬢さんの命名を頼まれました。こんなに真剣な表情で字を書く裕さんを見るのは結婚後初めて。

私の「まき子」にちなんで名づけられた「真樹子」ちゃんは、健やかに育ち、すっかりかわいらしいお嬢さんになりました。

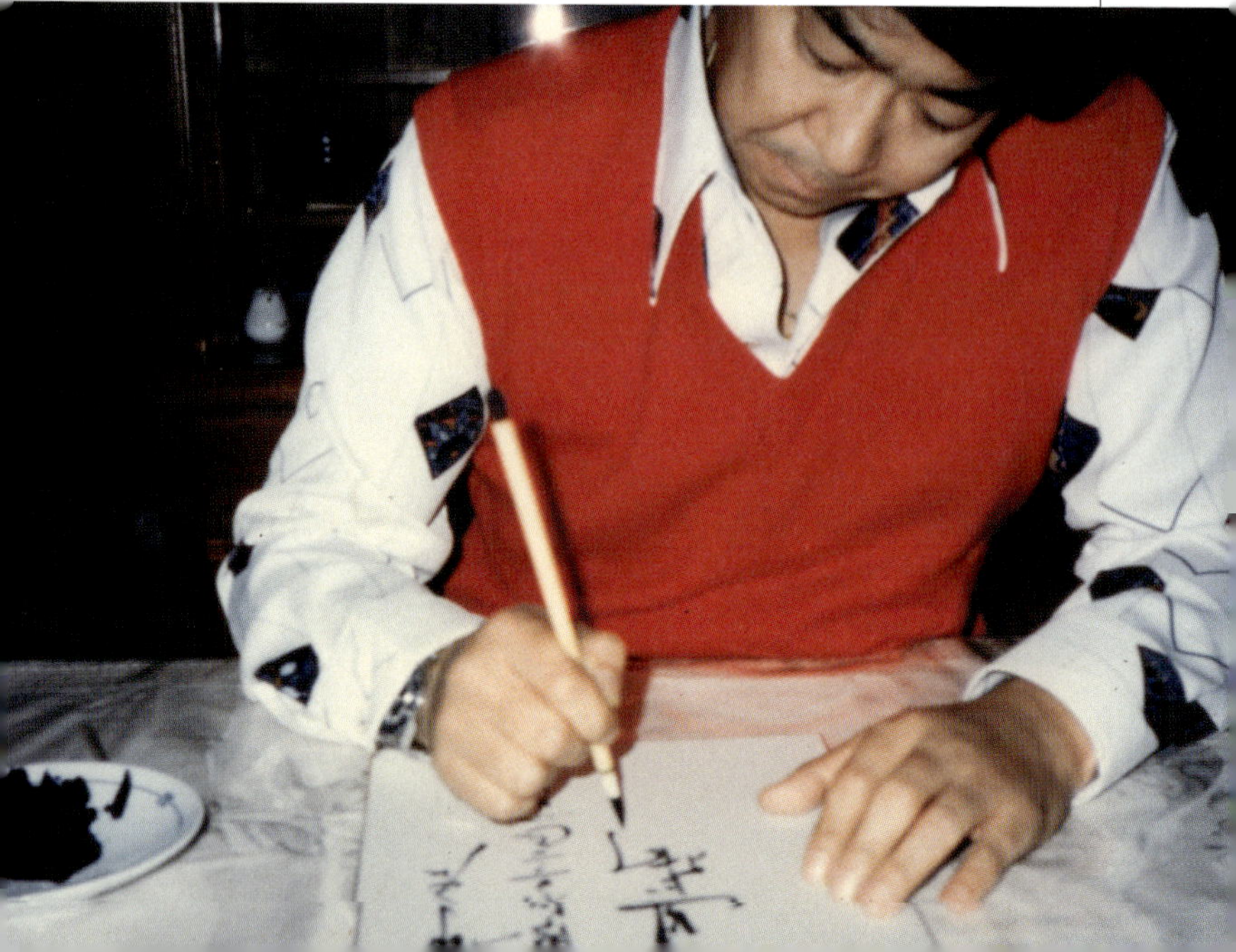

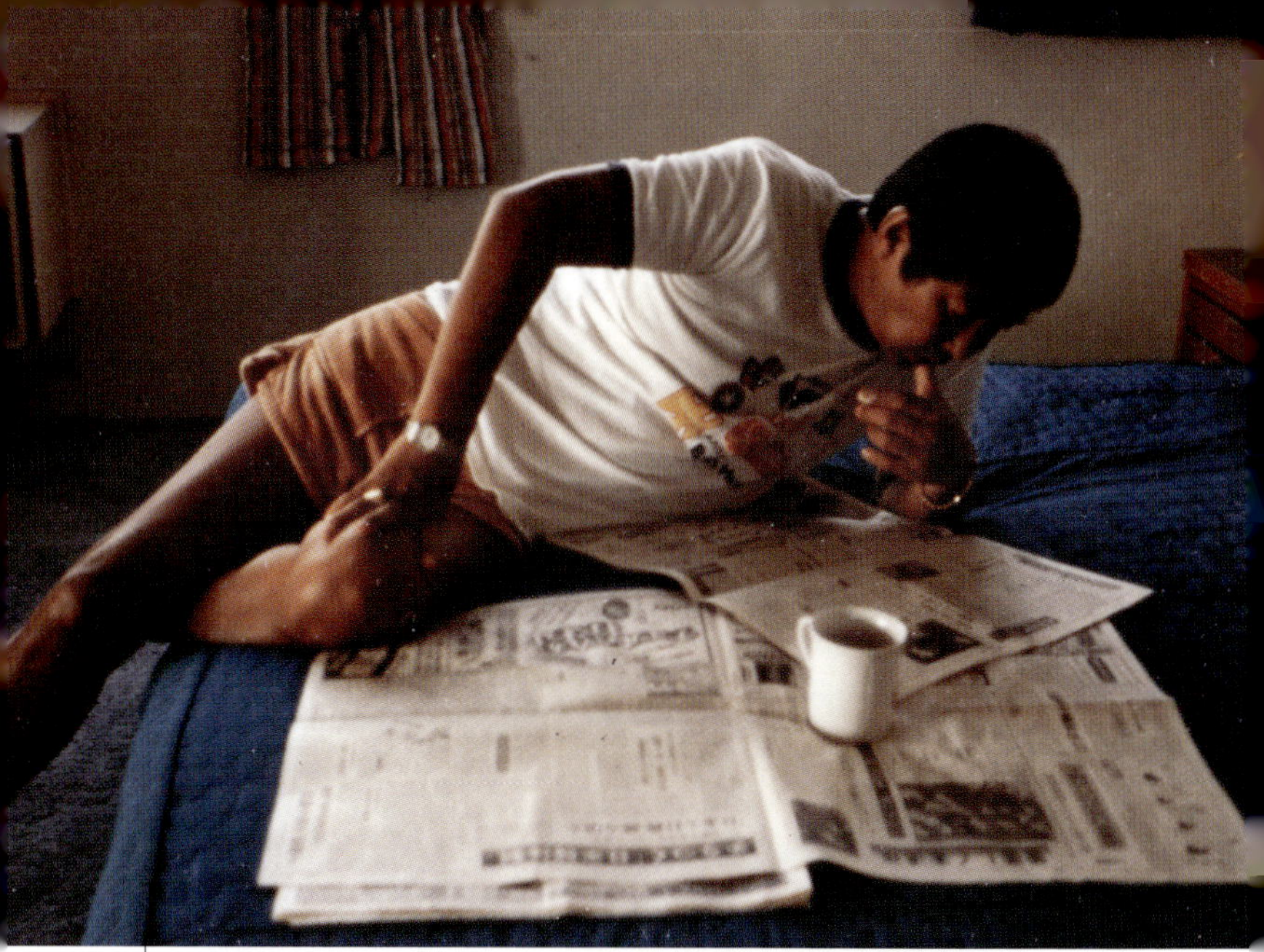

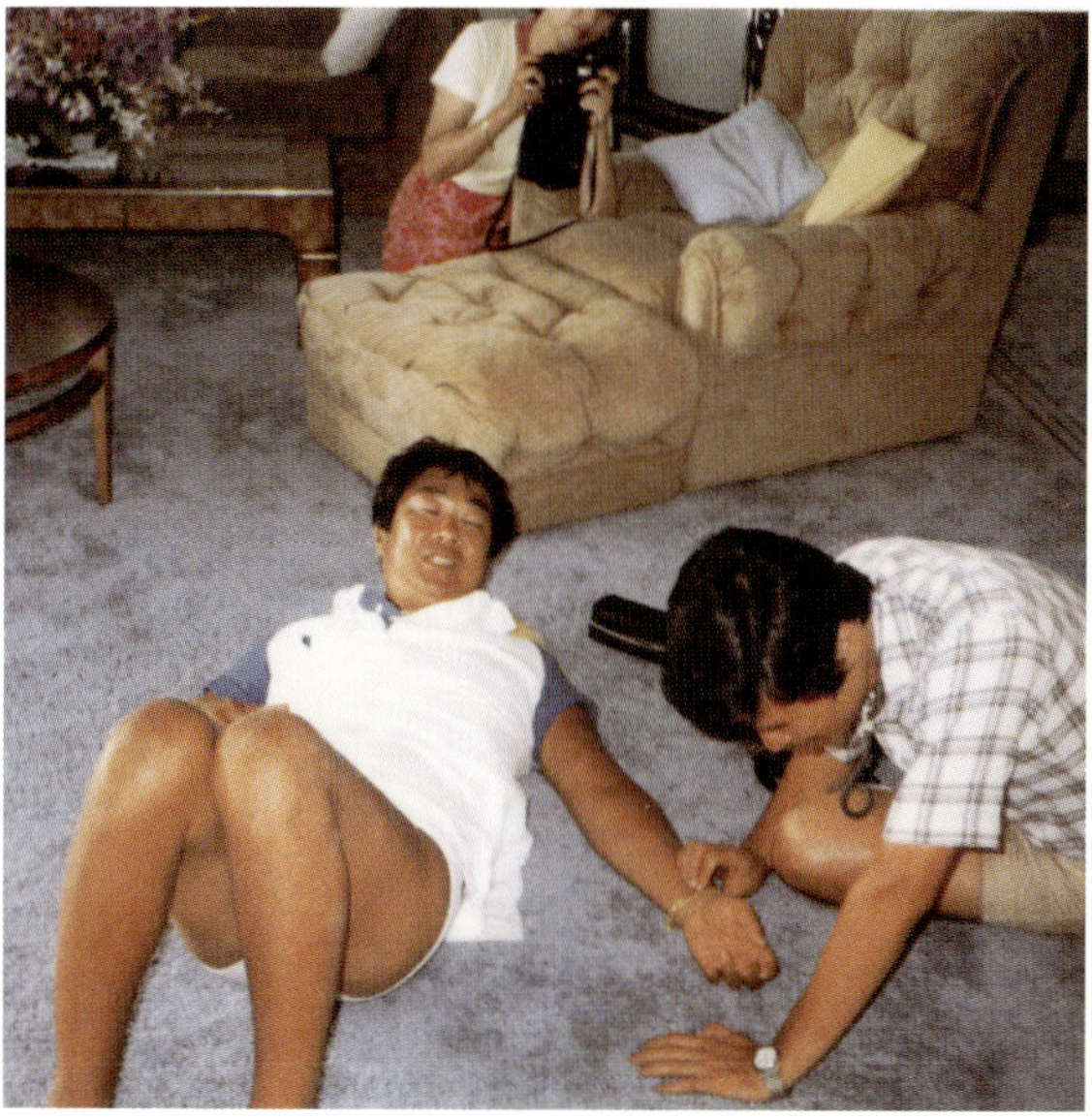

昭和57年12月。ハワイでは日本の新聞をほとんど読まない裕さんが珍しく……。大好きなヨットのニュースが載ってるから?

昭和57年8月7日。手術後初めてのハワイ旅行のため、主治医の前原先生に同行していただきました。

●闘病中に見せた明るい素顔③

昭和57年8月。HICCゴルフ場でふたりのいちばん好きなホール。ティグラウンド横にハイビスカスがいっぱい。花好きのふたりが写真の撮りっこを。

昭和57年8月12日、裕さんとカハラ地区にあるマーケットへショッピング。シース・キャンデーを口にほおばりながら歩く裕さんのあどけない表情。

昭和57年8月20日、ワイアライ・ゴルフ場近くの知人のマンションを訪ねるふたり。私たちの珍しい後ろ姿を撮ってくださったスナップです。

●闘病中に見せた明るい素顔④

昭和57年8月22日、パイナップル畑へドライブ。友人の写真家原田つとむさんに、カメラアングルのアドバイスを受ける裕さんをパチリ。

昭和57年9月。山中湖、夕暮れの山道をふたりで散歩。そーっと手を肩にまわしてくれた裕さん——。

昭和57年8月22日、ドライブの途中で寄った森の中で、木《こ》もれ日《び》の中にたたずむ裕さん。私の大好きな写真の一枚です。

●闘病中に見せた明るい素顔⑤

昭和57年10月6日。裕さんと逗子の義母を訪ねました。妻として、この義母から教わることがあまりにも多く、感謝しました。

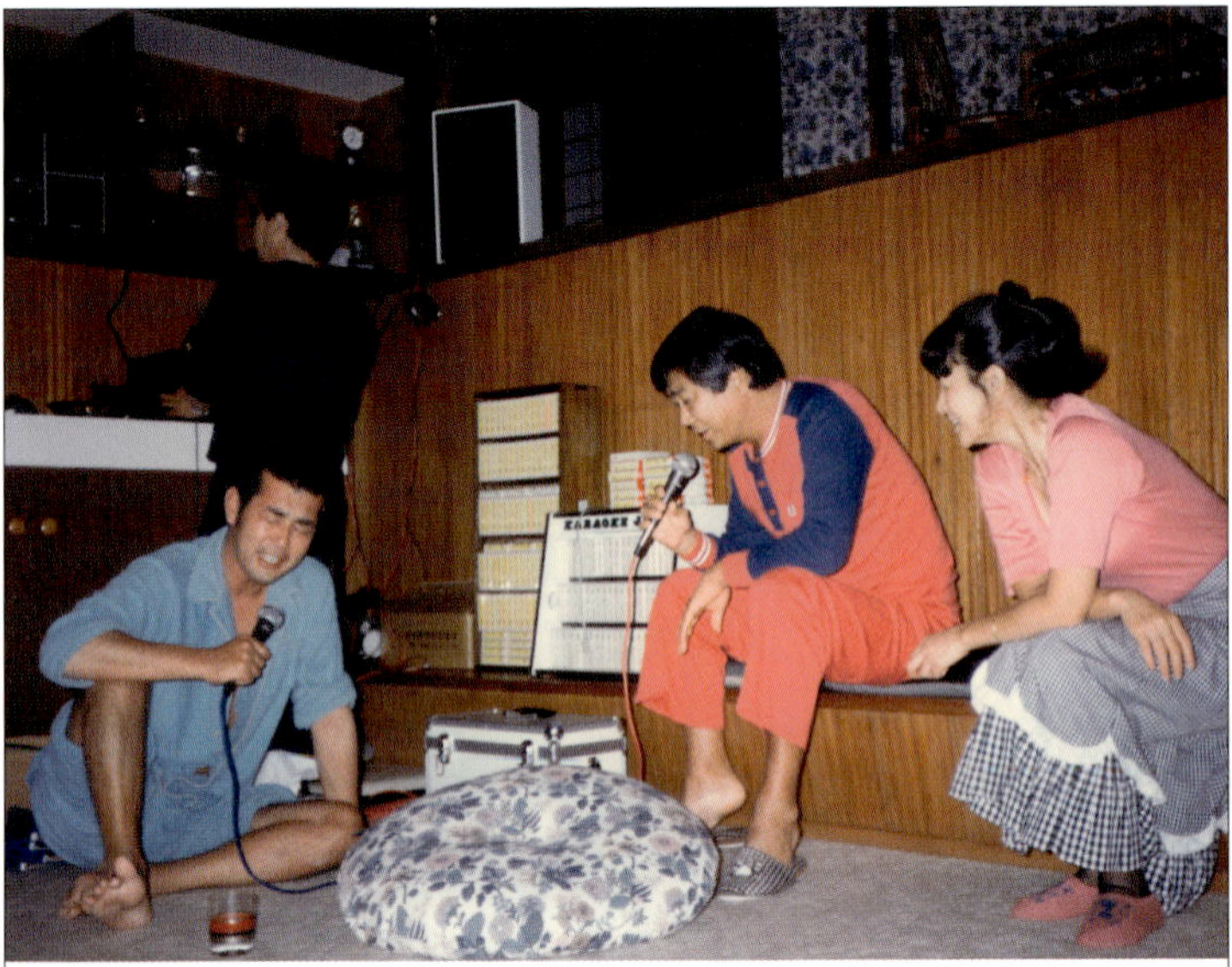

昭和57年9月。山中湖の別荘で、カラオケ大会。すっかり酩酊してしまった裕さんと渡氏のデュオ。山中湖では人が集まると必ずカラオケ大会に。

昭和57年10月23日、山中湖でゴルフ。ペアの紺のセーターにカーディガン。裕さんは私のゴルフのやさしい先生。私はのみ込みの遅い生徒。

裕さんにはツキがある！

つらい闘病生活のなかにも、心なごむひとときもありました。裕さんがダービーで大穴をあてたのです。これまで彼は競馬や競輪にはあまり興味を示しませんでしたが、毎年五月に行われる日本ダービーだけは馬券を三枚買っていました。

まわりの人たちは競馬通の小林専務の説に従って、本命馬を買ったようですが、裕さんだけは知人の誕生日をあてはめて、〝一 - 二〟という馬券を買っていたのです。それがズバリ的中して万馬券。なんと、七十万円もの配当金を手にしたのです。

「社長、今年はすごいよ。絶対、縁起のいい年ですよ」

馬券がハズレ、大損をしたはずの小林さんまでもが、ご自分のことを忘れて大喜び。裕さんも久しぶりに上機嫌で、隣の控室まで遊びに出かけ、タイミングよく再放送していたテレビドラマ『西部警察』の解説までするほどでした。

そのときばかりはほんとうにうれしそうでした。

「うわあ、いいいな。ねえ、裕さん、私にもおこづかいちょうだい」

私がおどけて手を出すと、子供みたいにニコニコしながら、

「イヤだよ」

「まあ、裕さんケチね。じゃ、食事代ください」

片手を目の前に突き出すと、照れた表情で、

「バッカヤロ」

私は久々に戻った裕さんの笑顔を見ながら、神さま、このツキがいつまでも続きますように……と、何度も何度も心でお祈りしました。

縁起かつぎといえば、石原プロの皆さんにはほんとうに頭の下がることがあります。社長の病気の全快を祈って、皆さんがいろんな形で願掛けをしてくださったのです。感謝の気持ちでいっぱいです。その意味では、裕さんはほんとうに幸せな人でした。

悩まされつづけた幻覚症状

入院して一週間後ぐらいから裕さんは、薬の影響などで眠れなくなり、睡眠薬を使用するようになりました。ところが子供に飲ませるような睡眠薬なので効果がまったくありません。その結果、昼と夜が入れ替わっているような催眠状態になってしまい、いってることがしだいにおかしくなってきました。それが後年になると、今度は幻覚症状さえ現れてきたのです。

《看護日記》より

昭和六十二年五月六日

相変わらず朝から体温安定せず。新しい病室なれど狭いため不自由な思いをしている様子が伝わってくる。午後から十階の病室へ移動することになり、結局は新館病室の1号患者になってしまう。

抗生物質の点滴の針が抜け、シーツが血で染まる事故を起こし、機嫌が悪い。昼・夕食とも摂取良好。ステロイド薬の影響が現れている。何はともあれ食欲不振にさえならなければよいのでホッとする。

専務から連絡の内容は相変わらず気がもめる。（以下略）

五月七日

五十六年の今日は、大動脈瘤の大手術の日。今日でまる六年目、今思えば気の遠くなるようなことばかりでしたが、あまり書きません。

やはり夜眠れずに困っている様子。

また昼と夜が入れ替わっている。昨年も病院生活中、睡眠不足で悩まされ、苦労したことが思い出され、憂鬱になる。（以下略）

五月八日

昨年の今日入院、七月二十日退院が、つい昨日のように思われる。入院・退院・芦原・ホノルル・入院。昼食が待ちきれず、明日から三十分早く送り出すことになる。食欲良好で安心。（以下略）

五月十二日

火曜。再入院して一週間たつのに未だ発熱。一時はこれでうまくおさまって退院間近と思っていたのに残念でならない。

再入院以来初めて新病棟を訪れるが……　人目に立たないために夜九時大塚氏にお世話をかける。薄暗い病棟を、一気に病室へ駆け込む。驚いたことに、一週間ぶりに対面したのが、すっかり病人の顔つきになっている。（中略）

二十三時過ぎ、大塚氏と帰途につくが、病室を出るとき出口で、「じゃまたね、お休みなさい」と言うと、「アッどうも」なんて言った。一体どうしたことだ。他人に対する挨拶と同じ。無意識にと思うが、何となく寂しくいやな感じがした。病気がさせているゆえあきらめる。三時九度。

五月十三日

九時、金宇氏の電話報告で、朝にまた九度。ナースにも知らせず自分一人でパジャマに着替え、座薬を使用したとのこと。何のために入院しているのかわからなくなる。高熱中一人で全てを処理した様子を想像すると目頭がジーンとしてしまう。泊り込みも食事の関係でとても不可能だし、せめて夜だけでも病院に様子を見に行きたく思っても、マスコミの目のため思うように出入りができない。

いま思うと、裕さんを苦しめずに、しかも患部を痛めないように……という病院側の配慮から、私たちの知らない薬を、後半から使用していたのではないでしょうか。あくまでも素人考えですが、ひょっとするとそれは〝痛み止め〟のたぐいだったのかもしれません。

肝臓ガンの患者は、末期になるとかなり苦しむと聞いています。石原裕次郎の患部はあれだけ大きいものだから、せめて苦しまないようにという好意から、痛み止めの注射を打ったのではないかと、私は思うのです。

痛み止めというのは、一種の麻薬のようなものですから、使用すると幻覚症状が起きるわけです。ですから本人のいってることは非常におかしい。

昭和57年12月5日。大動脈瘤手術から一年三か月。故夏目雅子さんと、自宅で雑誌の表紙撮影。「久々に女優らしい女性」というのが裕さんの印象でした。

しかも、自分でそれを承知して話すときもあるんです。

「今、おかしいことといってるだろ」

「ううん、別に。そんなことないわよ」

「何いってるんですか、社長」

みんなでごまかしていると、

「いや、変なことといってるよ、今。だって、とりとめのないことといってるの、自分なんだからよくわかるんだよ」

ああ、そういうふうにわかるんだから、この人は大丈夫なんだわ、と安心すると、

「ホラ、あそこで中国の男の人が四人いて、僕のためになぜこの病気で腰が痛いのか、痛くなるのかって、一生懸命相談しているじゃないか。あの人たちは僕のために、この腰の痛いのを治すのを、一生懸命あそこで相談してくれているんだよ」

真顔な顔で指さすのです。

「エッ、どこに?」

「ホラ、あそこ」

そういって起きると、

「アレッ、いないや」

裕さんの話を聞いて、これは乗り物酔いと同じで、耳の三半規管の影響かな、とも思いました。乗り物酔いは、三半規管の平衡感覚が狂って起きるわけです。それと同じような理屈で、横になっているときに幻覚症状が現れて、起きるとそのバランスがまたうまく回復するのかな、と思ったりしました。幻覚症状はそれこそさまざまで、私がよく覚えているのは剥製《はくせい》の鳥です。

裕さんが、すでに剥製になった鳥を手に持っていうのです。

「遠ちゃん、この鳥を剥製にしたいんだ」

事情をよく知っている遠藤さんが、それをうまく受けて答えてくれました。

「社長、剥製なんかにしたらくたびれちゃいますから、元気になってからにしましょうよ」

「そうだね、じゃやめとくわ」

そういいながら、ポーンと手から離すのです。

そのほか、戦争の話もよくしました。それも、日本国の戦争ではなく、自分が海外ロケで行った、いわゆる途上国の戦争。映画『青春大統領』のロケーションのとき、南回りでベイルートやカラチに行きましたが、生活が非常に貧しかったのです。ハイジャックやテロもない昭和四十一年のことですが。

それが裕さんにはショックで、帰ってきてからも年じゅう「かわいそうな人たちだ」といっていました。それからずいぶんたって、テレビのニュース・フィルムで向こうの戦争を報じたりすると、悲痛な顔になりました。

「もしかしたら、あのときに僕が会った人たちの子孫かもしれない。かわいそうに」

心やさしい人ですから、裕さんの記憶の中に潜在的にいつもそれがあったのでしょう。それが幻覚症状として現れるのです。

「あの彼が銃を持って立ってるよ。あまり生活が貧困で苦しいから、あの若者は、自分の国を立て直すために、悪徳商人を退治するために銃を構えているんだ」

最初は私も不安でした。そこで先生に、どうして幻覚症状が出るのかをおたずねしたところ、

「あれだけ睡眠不足が続いているのですから。たとえ弱い睡眠剤でも、だれでもこういうときがあるんですよ」

しかし、その説明を聞いていて、私は直感的にけっして先生のおっしゃるような弱い薬じゃない、先生の苦しい言い逃れに違いないと思いました。

幻覚症状があまりにも現実っぽくて、あわててしまったこともあります。

「下に日本テレビの上子専務と茂ちゃんが見えてるよ。ねえ、早く行ってあげてくれ」

私たちが驚いて顔を見合わせていると、

「いや、いいよ。俺が着替えて行くから、いましばらくお待ちください、といってこい」

「あ、そう。じゃ、行かなくちゃね」

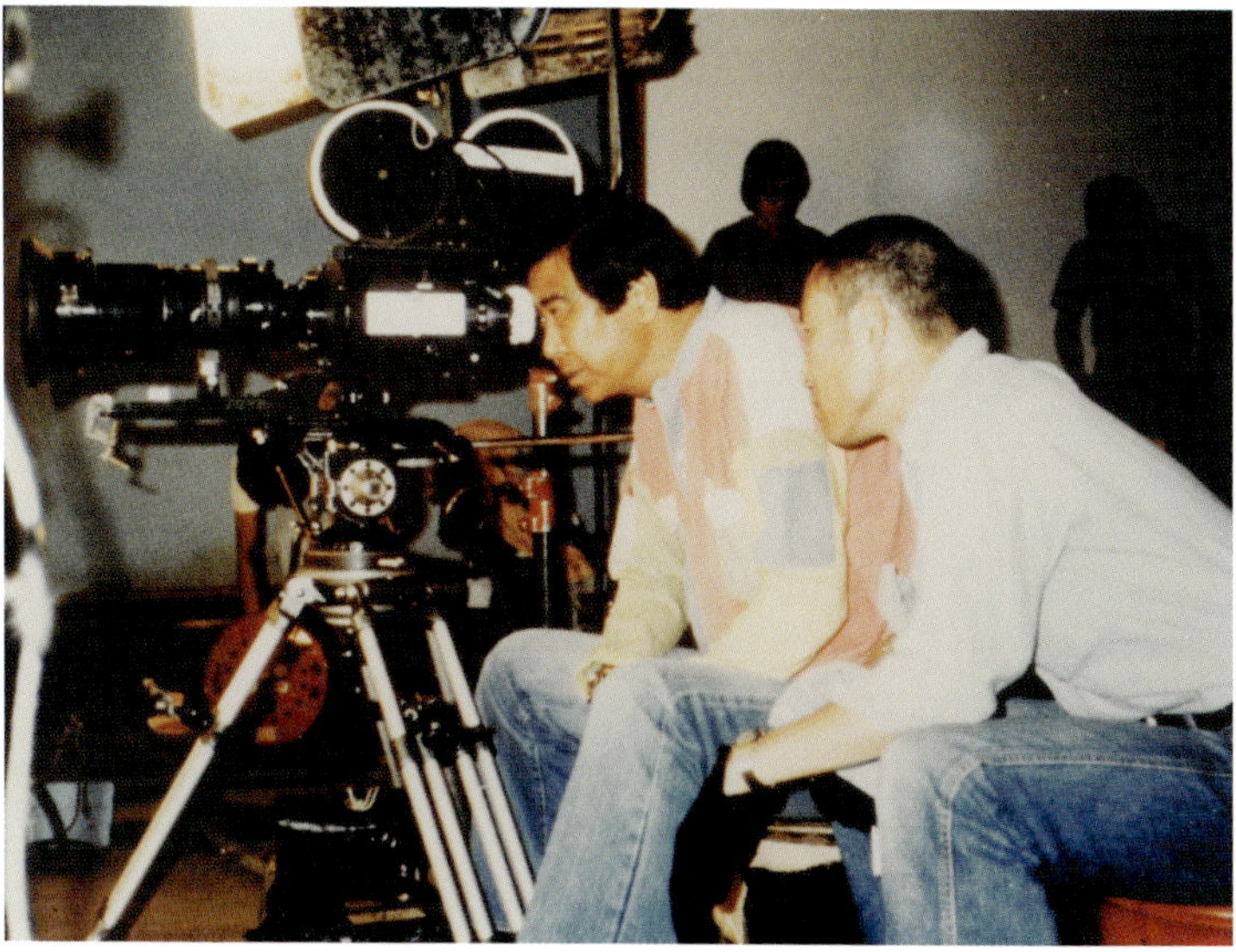

昭和58年。宝酒造のCM撮り。自らファインダーをのぞいて、テストする裕さん。満足がいくまで撮り直す性格。

昭和58年1月5日、アイスボックスにジュースなど冷たい飲み物を詰め込んで、渡氏ご家族と、人影のないビーチへ。

昭和57年12月。石原プロの忘年会。裕さんの食欲をそそらせようと、「減塩特別食」を作り、美しく盛りつけして……。

と、私が一階に降りようとすると自分も立ち上がって、

「じゃ、これから行くわ」

ほんとうに出て行こうとしました。そばにいた石原プロの金宇さんと遠藤さんは大あわてで裕さんを引き止め、

「もう僕が行って、ちゃんとご挨拶してきましたから、社長、大丈夫ですよ。そんなに気をつかわないでください」

あわてて引き止めると、「そうかい」といって、また戻りはじめるのです。

日、一日と衰えゆく肉体と気力

《看護日記》より

五月十四日
まだ体温定まらず、八度。昨日より石井先生の投薬が少なくなった。そのかわりに点滴の中に新しい抗生物質がふえる。そのせいだと思いたくないが、昼食の残りがでる。ロールパン一個。夕食も残すようになる。いよいよ食欲不振の前兆かと心配になる。(以下略)

五月十五日

昭和58年1月。フォスタータワーのベランダから夕景を入れて、それぞれの横顔を撮りました。ホノルル湾に沈むサンセットが美しかった。

午前中八度五分が出たのにもかかわらず、夕方に七度八分、一日に二度高熱が出る。小林専務より連絡があり、今日から新薬を使用。いよいよ覚悟するときが来る。どのような症状が現れるのかおそろしい。消化のよい高蛋白・高カロリーの食事をとの要求が、また厳しくなり、一段と困難になる。昼食から不振の徴候があり、残量が高まる。（以下略）

五月十八日

相変わらず早朝六時体温八度、座薬にて熱を下げる。（以下略）

五月十九日

六時七度八分。座薬早めに使用。八時半井上教授、都築教授の患診の際、腹部の膨張感を訴える。幼児によく起こる状態で、大したこともなく、時間の問題で解決をするとのこと。（以下略）

五月二十日

（前部省略）六時、久しぶりの裕さんからの電話。受話器を取り驚く。すっかり病人の声。かすれている。弱々しく元気が全くない。

胃の不快を訴える。ステロイドの副作用でおなかにガスがたまり、顔が丸くなり、すっかり落ち込んでいる。頑張ってね、もう少しだから、いま一息なのだからとしか言いようもない。

裕さん、こんなに顔が丸くなってしまってと、大いに気にしている。（以下略）

昭和58年1月。ハワイでお気に入りのケーキ屋さん「レオナード」で裕さん好物のレモンパイの買い物。

私の《看護日記》は日一日と病状が進む様子が記されています。このあたりから、裕さんはしだいに人に会うのをイヤがるようになりました。自分の体力が衰えたこともありますが、それよりも極端にイヤがったのは顔が丸くなったことでした。やはり天性のスターだった裕さんは、絶対にカッコ悪いところを人に見せたくなかったのです。それでも親しい仲間の前では平然とした顔で、おなかのあたりをさすりながら、

「これさえ減れば、俺だってまだまだいけるだろ。なっ」

と強がりをいうのです。でも、仲間の方が帰られて私と二人きりになると、すごく不愉快そうな表情でこう訴えるのです。

「こんな顔になっちゃって、人の前に出られ

ないよな」

「どうして？　ちっともおかしくないわよ。ステロイドを中止すればすぐに治ると先生がおっしゃっているから大丈夫よ」

「ホントに俺、おかしくないか？」

「ええ、石原裕次郎は健在です」

そんなやりとりを繰り返しながら気力さえもなえてゆく裕さんを力づけ、励ましつづけるのが私に日課でした。そうした日々の中でいちばん気になったことは、実は病院のトイレの鏡のことでした。裕さんはそのころはまだ自力でトイレに行っていましたので、そのたびにそこの鏡を見るわけです。自分の膨らんだ顔を見ては、情けない顔で病室に戻ってくる裕さん……。あんまりかわいそうで、トイレの鏡をはずすことはできないものかと、私は真剣に考えたものです。ところが、何かいい方法はないかと思案しているうちに、裕さんの容態が急変し、自分でトイレへ行くことができなくなってしまったのです。それは六月十九日のことでした。

再入院一か月目の危機

再入院して一か月目の六月五日、裕さんの容態が一度急に悪化しました。

昭和58年1月30日。裕さんのために、特別に減塩食を作ってくださるホノルルの『シップスターバン』へディナーに外出。

《看護日記》より

六月五日

再入院一か月経過。七時、四〇度五分の高熱。十一時、小林専務より電話があり、腹部エコーの結果異常は見られず、心配はなしとの話。が、午後、突然遠藤氏とともに来宅。重大な話を聞かされ、気が動転する。血圧が一〇〇を切り、下との差がほとんどなくなって貧血がひどく、現在輸血中。都築先生の話では、二十四時間中何が起こっても不思議ではない症状、状態といわれ、専務も私に知らせるべきとの判断で来宅されたとのこと。腹圧があり、最悪の話のところへ金宇氏よりＴＥＬあり、輸血の結果、血圧一二〇に上昇する。

血流が悪いため、貧血の問題が以前より心配の一つだった。一か月たったにもかかわらず、ますます状態が悪くなる。専務にもはっきりといわれショックを受ける。このまま悪くなる、回復のないまま、このままになるのだろうか、不安で仕方がない。遠藤氏と病院へ。何も知らない裕さんの姿を見るのが辛い。気が狂いそうになる。朝から点滴で、九時（ＰＭ）やっと終了したところ。ぐったりとしている。ステロイド薬の影響で顔がまた膨らんでいる。すっかり面相が変わっている。顔色も黄土色が目立ち弱々しく、かわいそうで、直視できない。

十時（ＰＭ）突然空腹を訴え、お粥を摂取。専務、大いに感激。帰途につかれる。山上ご夫妻もホッと一息、帰途につかれる。金宇氏にお願いして、遠藤氏と一緒に帰宅。自宅にて、六日二時まで話をする。遠藤氏の優しさに涙。やや心落ち着く。

いつものようにお弁当の用意をしているとき、「四〇度五分も熱があって、下がりません」との連絡があったのです。私の不安はつのるばかりでした。病院へ向かう準備をしていると、再び電話が。

「血圧が急に下がったので、もう安心です」

私はホッと救われた気持ちになりました。ところが、それが問題でした。血圧が下がっているのは、逆に体内で出血したのではないか、ということで、緊急事態となり、腹部エコーで検査することになったのです。しかし、私にはまだそのことは伏せられていました。ショックを与えてはいけないから、というわけです。

その結果異状はなく、小林専務から「心配はいりません」との電話があり、私は安心してお弁当作りに励んでいました。すると、さっき電話をくれたばかりの小林専務が遠藤さんとつれだってきて、話があるというのです。私はそのとき、全神経がピリピリしていましたから、皆さんの言動と表情で、何が起きているかわかりました。

「社長は血圧が下がって貧血がひどく、現在輸血中です。都築先生の話では、これからの二十四時間は何が起こっても不思議ではない、最悪の状態だそうです」

小林専務の話に、私は気が動転するばかりで、「死ぬんですか」と、どうしても聞けないのです。

「最悪の状態ということは、最悪なんですか」

やっとの思いの私の質問に、小林専務も即答できません。私は彼の性格を知っていますので、即答できないことが答えなんだな、とピンときました。しばらくして、私は思いきってその言葉を口にしました。

「死につながるんですか」

また、答えがありません。そのとき、病室の金宇氏から「いま、血圧が安定しました」との電話がありました。

それでも不安だった私は、遠藤さんと病院に駆けつけました。すでに輸血はすんでいて、血圧も一二〇に上昇し安定した、とのことでした。先生のお話によると、一時はたいへん危険な状態だったそうです。

そんなことなど知らずに眠りつづける裕さんの姿を見るのは、私には耐えられないことでした。ステロイド薬の影響で顔がまた膨らみ、顔つきがすっかり変わっています。顔色も黄土色が目立って弱々しく、かわいそうでとても直視できませんでした。やがて小林専務もやってきましたが、だれもが終始無言です。

すると、突然裕さんが目をあけて、

「ああ、腹減ったなあ」

このときの感激を、私は一生忘れません。私が作ったおかゆを、おいしそうに食べてくれたのです。そんな裕さんを見て、小林専務は感激しながらいいました。

「社長は偉い。すごいよなあ、社長は」

その言葉の中には、「こんなにつらいときにあなたはものを食べた、偉いよ」という意味と、「あなたの生命力はすごい」という意味が含まれていたと思うのですが、私もまったく同感でした。

私の裕さんは、やはりただ者ではなかったのです。

もう一度奇跡を信じたい

六月五日の危機を脱出したとき、私は必ずもう一度裕さんには奇跡が起きる、と本気で思いました。小林専務もそう思ったらしく、あのあとすぐに電話をしてこられたのです。

「奥さん、僕が社長の病を打ち明けてふたりで泣いてから、何年になりますか。四年ですよね」

「いいえ、まだ三年たってないです」

「えっ、三年ですか、井上教授と、もう四年たってるんじゃないか、と話してたんですよ。そうですか、三年ですか……」
四年ではなく三年だということに、小林専務はガッカリした様子でした。肝臓の悪性腫瘍で四年ももつわけないんだから、これはもしかしたら奇跡ではないか――。小林専務ははっきりそう思われたのでしょう。小林専務とは別の形で、私も奇跡を信じていました。七月十七日のあの日まで、私は裕さんが亡くなるはずはない、と確信していたのです。

それでも、裕さんの容態が少しずつ悪くなっていくのは、私にもわかりました。長いふたりの生活の中で、どこがどんな状態になったら、この人はぐあいが悪いかということぐらい、〝素人診断〟でもわかるのです。顔の色つや、白目の色、太股の筋肉の欠落、おなかの膨らみ、爪の色……。そんなところがちょっと違うだけで、妻の私には裕さんの状態がわかりました。

入院中、私は裕さんの微妙な変化を察知して、そのつど先生や看護婦さんを質問攻めにしましたが、絶対に事実を口にしてはいけないと箝口令《かんこうれい》が敷かれていますので、たいへん困っておられました。

でも、私は裕さんに関してだけいえば異常なほど勘が鋭いほうです。その場の雰囲気でこれはおかしいぞと、ピンときます。

私が何か変だな、と気になりはじめたのは、ある程度は私の質問に答えてくださった先生方が、六月五日を境に、私から逃げるようになられたからです。

「これは僕の範疇《はんちゅう》ではありませんから、何々先生にお聞きください」

「僕は用事で席をはずしてましたから、それに関してはお答えできないんです」

などとあいまいに答えては、急いで背を向けられる。

私は、先生に外でぱったりお会いしたり、病室を出て行ったときの先生の表情が違うなと思ったりすると、すぐにその後をすがるように追いかけていって質問しました。あるとき某先生にこんなふうにズバリせまったこともあります。

「先生、いつごろまでこんな状態が続くんですか。あとどれくらいガマンしなければいけない

昭和58年2月23日。ジャズ、ハワイアンなどが好きでした。私の前では、テレて弾いてくれなかった。ひそかに練習しているときにシャッターを。

んですか。あとどのくらい病院生活が続くのですか。全快しなくてもけっこうですから、正直なところを教えてください」

いまになってみれば、先生にとってはその質問がいちばんつらく、お困りになったはずです。けっきょくなんだかんだと逃げられてしまいましたが、その口ぶりから、病気の進行状態がかなり進んでいることだけはわかりました。

でも、私は良性の腫瘍だとばかり思っているわけですから、そんな状態であっても危機感はいっさい持っておりませんでした。必ず治る！　と信じ込んでいた私が、深刻な疑念を抱きはじめたのは、実は肝心な病名そのものではなく、ますます激しくなる治療法だったのです。

そうした疑問は、入退院を繰り返す過程で少しずつ強くなっていましたが、六月五日というその日からさらにいっそう強くなりました。いま考えると、本当の病名は石原裕次郎にも私にもひた隠しにして治療していたわけですから、いくら素人の私でも治療法に疑問を抱いて当然だったと思います。その方法こそ、まぎれもない肝臓ガンの末期の治療法だったのです。

《看護日記》より

六月六日

六時四十度、遠藤氏病室へ。大塚氏待機。（以下略）

六月七日

八時半八度五分。十二時半六度七分。腹圧を訴えて十九日になる。腹水がたまり出している。ガスも。病院側五日と同じ見解。（以下略）

六月八日

午前一時八度。腹圧が昨日よりやや良好。遠藤氏昨夜より今朝六時まで病院。昼食におかず、ゼリースープ、スイカを食べる。尿順調。夕食焼き肉四十グラム摂取。胃の消化悪く苦しむ。（以下略）

六月九日

九時七度五分、腹圧訴え、皮下注射を行う。昼食良の下。夕食二、三口。悪し。腹圧のため胃が苦しい。病院の治療に疑いが強い。自信がなくなりつつある。脚の筋肉の衰えひどい。九時六度九分。十時八度三分、四時腰痛ひどく訴える。胃の不調のため、急きょ胃カメラ検査。十二指腸潰瘍の診断にもかかわらず、焼き肉を食べ苦しむ。目の周りのくまが目立ち、睡眠不足が顕著。身の置きどころがなく、体をしじゅう動かし続けている。非常に帰宅を望んでいる。（以下略）

●闘病中に見せた明るい素顔⑥

昭和58年9月30日、慎太郎兄の誕生日を、母を囲んで田園調布のお宅で祝う。石原家一族の勢ぞろい——。

その後、皆さんと2階の裕さんの書斎の中にあるホームバーでダンス。リズム感がすばらしく、すべてに決まる人でした。

昭和58年4月6日、久々に仲間が集って裕さんを囲んでの、ホームパーティ。裕さんの好物を探してあげる私。

昭和58年7月16日、コンテッサⅢ号を係留しているハーバーのヨットクラブの庭で、裕さんのカメラにポーズする私……。

昭和58年7月28日、ハワイのフォスタータワーのベランダからヨットレースを観戦。後ろでおいしくビールを飲んでいる私の涼しい顔。平和なひととき——。

●闘病中に見せた明るい素顔⑦

昭和58年7月23日、ハワイで迎えた私の49歳の誕生日を『シップスターバン』でお祝い。元気にたくましく日焼けした裕さん……。

昭和58年8月7日、遠藤氏来宅。「俺のおいしい手作りバターライスを作って食べさせる」と張りきった裕さん。でも危なっかしい手つきに、とても心配でした。

昭和58年9月、山中湖の別荘の庭で、ハンモックをつるし昼寝の準備をする裕さん。夏の山中湖で一番のお気に入りの特等席がこの場所でした。

●闘病中に見せた明るい素顔⑧

昭和58年9月1日、山中湖の別荘。豪快に笑う裕さんと私。ウィットに富んだジョークが得意で、いつもみんなをなごませてくれた裕さん——。

昭和58年12月2日、二十三回目の結婚記念日。勝新太郎の座頭市の物真似をしながら、おどけた表情でケーキカットする裕さん。記念日は必ずふたりで祝うのが習慣でした。

昭和58年９月。山中湖の別荘にて――。渡氏の歌にスローダンスを楽しむふたり。私の幸せいっぱいの笑顔と、テレくさそうな裕さん。渡氏はいつも楽しませてくださいました。

昭和58年12月28日、充実したひととき——。仕事から解放されてふたりだけの時間を多くもてたハワイ。大動脈瘤の手術後、舌ガンの心配が続きましたが、なんとかこの年も越えられた。

昭和58年12月31日、ハッピー・ニュー・イヤー。フォスタータワーに集った石原プロの皆さんたち。それぞれにお年玉をさし上げますと渡氏が「裕ママを胴上げ!」それを裕さんがカメラでキャッチ!

●闘病中に見せた明るい素顔⑨

昭和59年1月1日、ニューイヤーイブを終えて来客も帰り、やっとふたりっきりに……ホッとした裕さんを写す私。

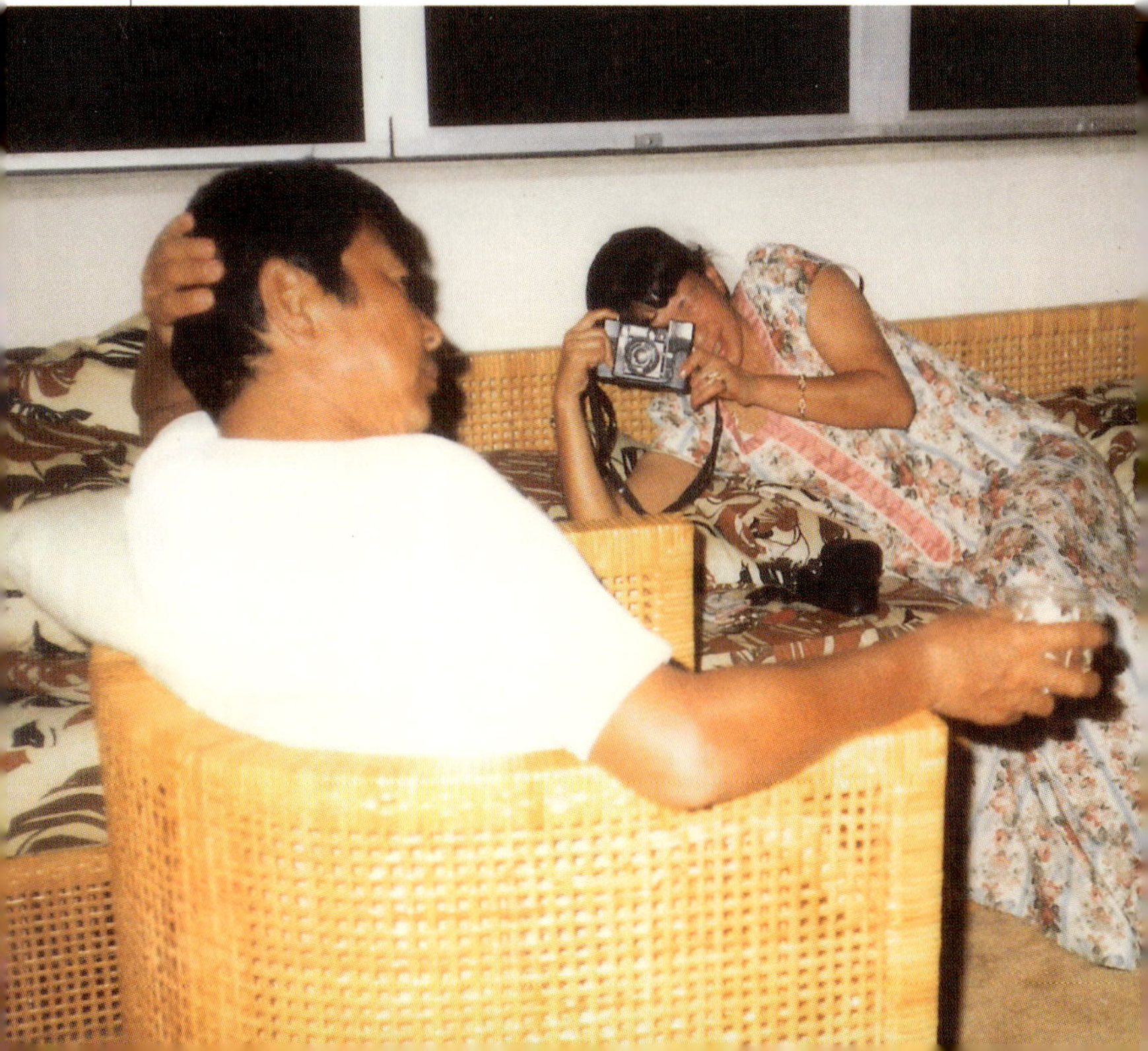

昭和59年１月14日、メンバーコースの『HICC』でカートに仲良く並んだところを、金宇さんが写す。

昭和59年1月6日、夕闇迫るフォスタータワーのベランダで、「自然な表情を撮ってあげる」と裕さん。

昭和59年2月3日、マウナラニゴルフ場で私を撮る裕さん。裕さんがカメラ好きだったことは、意外に知られていません。これも珍しい素顔のひとつです。

●闘病中に見せた明るい素顔⑩

昭和59年9月25日、一時退院した裕さんと私は、9月13日、ホノルルへ出発。別荘の屋外に作った露天風呂で、のんびりお湯につかる裕さん。このころ体力はまだ充分あった。

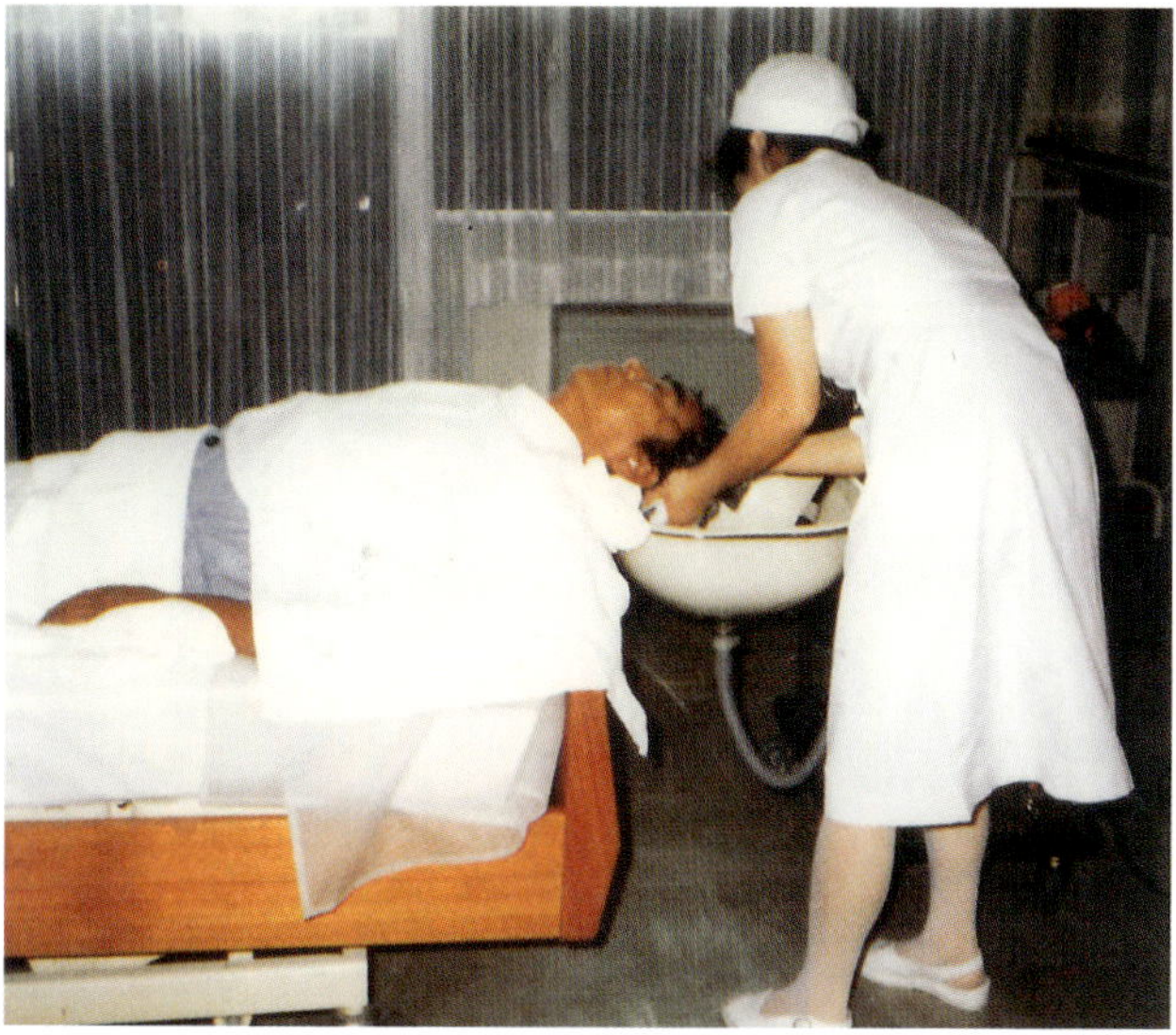

昭和59年8月19日、肝臓ガンで慶応病院へ入院。治療の合間に看護婦さんに洗髪していただく裕さん。

昭和59年10月。一日の日記を真剣な表情で書いているところを、裕さんに撮られました。

昭和60年2月。静養先の、ハワイのマウナラニホテルで。ふたりにとって、これが生涯を通じてのラストダンスになりました。

「家に帰りたい！」と切望する裕さん

衰弱著しい裕さんは、六月半ばあたりから、幻覚と悪夢にうなされるようになりました。夢にはその人の深層心理が現れるそうですから、裕さんの心の中は、底知れぬ不安にかき乱されていたのでしょう。

自分の夢に驚いて目が覚めたあとは、いつも寝汗をびっしょりかいていました。

「ママ、見守っててくれよな」

心細そうに私にそばにいるよう、頼んだこともありました。六月二十日――。

今度は、思わず背すじが寒くなるような不吉な夢を見たのです。病室の白い壁を見ながら、裕さんは、その奇妙な夢をポツポツと語ってくれました。

「どこかわからないけど、外国の波止場に立っているんだよね。すると何か指令が来て、俺の足が何本も切り刻まれるんだ。それをだれかが船で運んで行くので、よーく見ると、俺なんだよ。自分で自分の足を運んでいるんだ」

そんな怖い夢を、何度も繰り返して見るというんです。

「夢でなく、意識ははっきりしているのに、指令が来てそのようになる」

などと、意味不明なことをいったりもするのです。

内容が内容なだけに、私はこれはどういうことかと考えました。で、ふとこれはノイローゼの徴候では？　と思いあたったのです。

「指令がきた」とか「電波がきた」とかいうのは、ノイローゼ症状の人がいう言葉なのです。裕さんの場合も、病気の不安から、強迫観念におそわれ、ノイローゼ状態から恐ろしい夢を見るようになったのではないでしょうか。

不安を取り除くためにも、ほんの数日間でいいから、裕さんを帰宅させてあげたい──。私はそう考えました。本人にそういうと、もちろん、裕さんも、「家に帰りたい」と、たいへんな喜びようでした。

小林専務も私の意見に賛成し、その旨を先生に伝えてくださいました。

しかし、病院側は当人の体力の消耗度が強いので、一時退院は不可ということになってしまいました。

それ以上無理もいえず、しかたなくあきらめましたが、あのときのことをいま思うと、胸が痛みます。

あのときなぜ、「家に帰りたい」という裕さんのたっての願いをかなえさせてあげなかったのかと。先生に逆らってでも連れて帰るべきだったと、私はいまでも後悔しています。

一時帰宅の希望が断たれたからでしょうか、翌日は駄々っ子みたいにすねてしまい、ほんとうに弱りました。

あげくのはてに、

「俺はこのまま死ぬかもしれないよ」

などと、投げやりな発言をしては、小林専務を困らせるのです。そばにいる私は、泣きたい気持ちでした。たまりかねて、専務が席を外したときに、

「そんなに気弱なことをいわないで。私、ひとりっきりになってしまうでしょ。お願い、そんなことをいわないでよ」

すがりつくように頼むと、

「ママは強い人だから、すぐに立ち直れるよ」

そのときばかりは私の気持ちを全然わかってくれない裕さんが悲しくて、悲しくて……。それがショックで、私は家に帰ってからも考え込んでしまい、その夜は一睡もできませんでした。

裕さんが肝臓をわずらってから、私は病室につきっきりというわけにはいきませんでした。

その理由は、裕さんの食事作りに専念しなければいけなかったから。

――私が誠心誠意、心をこめて作った〝愛情弁当〟で、裕さんの病気は必ず治る！――

私はそう信じて疑わなかったのです。

裕さんの特別食は材料の吟味や選択、調理に時間がかかるため、一日の大半を必要としまし

た。

そのほかに、裕さんのパジャマや下着の洗濯、次の日の用意……。

そのころの私の睡眠時間は三〜四時間といった状態でした。

《看護日記》より

六月十四日

九時七度四分高熱まぬがれ六日目。昼食拒否。夕食減少。ヘルペスひどし。腹圧、神経の衰弱、大不眠、食欲不振。夕食うどん四分の一、両手、腕、脚、異常に筋肉が衰えている。

六月十七日

九時九度六分。ヘルペスひどし。痛みのため眠るに眠れずと訴えるが、腹圧一向に治らず。体重74kg。気弱。笑顔見られず。退院できず、病院で終わる等口走る。

六月十九日

八時七度、夕方四時半七度八分。点滴の時間変わる。八時より午後二時間休み、PM九時まで。抗生物質変わる。昼食一口もせず。夕食一口もせず。不眠一向に治らず。笑顔も見せない。大便をポータブル便器に変更。体の支えが必要になる。便の色ブルーグリーン色の水のようなもの。

六月二十日
五時九度五分。専務、遠藤氏、急遽病院へ。一日中発熱。解熱剤効果ない。血圧の不安定起こる。大便下痢状、ハイネックス（栄養食）百cc飲む、幻想的な話が始まる。

腹部がだんだん膨れてきた！

最後の七月に入ってから、裕さんの幻覚症状は、多発するようになってきました。幻想的な話をするときは、私の目をじっと見て話します。その目を見ているとつい私も引き込まれてしまい、私自身現実との区別がつかなくなり、妙な錯覚に陥るようなことがままありました。そして、何度も何度も裕さんの幻覚症状を見ているうちに、私にもそれがどういう状態のときに現れるのか、少しずつわかるようになってきました。

体温がワーッと上昇して、たとえば九度になって止まると、その高熱状態のときに、急に幻覚症状が出ることがわかったのです。

たとえば、七月二日の場合は、こうでした。裕さんのいったとおりに書いてみます。

「学生服を着て行ってきたんだろう。バンコクから帰ってきたんだろう。デジタルの時計をくれたね。横に文字、数字が出るの」

幻の映像を見ながら私に語りかけるので、私もついうなずいてしまいます。しかも不思議なことに、この話、みんな私には記憶があるのです。

以前、私が時価千円の使い捨てデジタル時計を探して買ってきたら、裕さんがとてもおもしろがって、それを人にも自慢して話したことがあるのです。

「うちのカミさんは、安くていいものを探すのがとてもうまいんだ。買い物の名人だよ」

その時計が面白いというので、それをいくつも買って、ホノルルのヨット仲間におみやげに差し上げたことがあります。ところがあまりにもよくできているため、高級時計と思われて感謝され、ふたりで困ったことがありました。

そのときの楽しい想い出が、幻覚症状の中に入っていたのだと思います。

幻覚症状にまつわる話はこの後もうひとつありますが、私にはその意味がいまもよくわかりません。

「お仏壇の話をしていたんだろう。白い空間に話が最後までキリよく入るんだよ」

幻覚の中に自分の白い空間みたいなのがあって、その中にしゃべってる言葉がキリよく入っていく。だから、デジタルになったり、いろんな物が交差しているんじゃないかと思うのです。

私は裕さんがいった言葉やそのときの様子、それに容態などを毎日日記に書きとめていましたが、この日はペンをとるのがつらくてなりませんでした。

裕さんの腕や脚、太股などが、また一段と細くなっていることに気づいたからです。それなのに、おなかの部分は逆に膨れるばかり。

「ママ、おなかが張って苦しいよ」

そう訴える裕さんに、何もしてあげられない自分が情けなくて、返す言葉もなくとまどっていると裕さんはふいに手を伸ばし、私の左頬を右手の指の腹で静かに何回も何回もさするのです。その裕さんの指が赤ちゃんのように柔らかく、絹のようにソフトで、そして力がありませんでした。

――裕さん、何年かかろうと、私が必ずあなたを回復させてみせますからね――

裕さんの顔を見ながら、私は心の中でそう叫んでおりました。

翌日の三日も容態は変わりません。私はここではっきり治療法に疑いを持つようになったのです。その日の私の看護日記には、こう書いています。

九時に再び幻覚症状――。

「外国人が四人、それぞれの家族に奥さんと子供一人、金宇さんも仲間に入り話をしているんだ。井上教授が来室、と同時に皆消えてしまったよ」

裕さんがあまりにも真顔で話すので、そばにいる皆さんはそれが何を意味するのか、考え込んでしまいました。

幻想の中に子供が出てきたということは、やはり、裕さんはそんな家庭を望んでいたのでしょうか。大動脈瘤手術のときの恩人・井上先生がいらしたら、みんながいっせいに消えてしまったとは、いったい何を……。

《看護日記》より

七月三日

八時、金宇氏よりTEL。やはり発熱は免れない。腹圧のため、利尿剤を注入のため、尿が出始めているとの話。しかし、昨夜は三千cc以上出ているので、尿が止まったとは思えず、腹水をとるために利尿剤の使用（常用より強め）がはっきりとしている。十一時、遠藤氏よりTEL。金宇氏の話と特別変化がない。昨年の今ごろの話をする。屋上を散歩し、退院の話が出ている。しかし、今日はとてもユーウツ。陽気が上向いていない。昨日、一昨日よりよくない。PM八時病院着。会社の小島、霜鳥氏のガードで病院横門より無事病室へ。何となく暗い病室のムードで気になる。腰痛がひどく、金宇、椎野氏が腰をマッサージしておられた。間もなく遠藤氏も到着され、なお心強い。

七月六日

午前三時七度八分、解熱剤使用。一日中発熱せず、会話が多くなる。尿一五〇〇cc。二十四

昭和60年2月3日、ホノルルの別荘で節分の豆まき。窓から顔を出す私と、まだ結婚前の正輝さんと聖子さん。ふたりは結婚の相談で裕さんを訪れました。

昭和60年6月24日、神田、蒲地両家のお仲人をホテル・ニューオータニで……。あの大動脈瘤の手術から四年の月日が流れました。

時六度二分、大便なし。ハイネックス、桃摂取。幻想を自ら気がつく。（以下略）

七月八日

朝から機嫌があまりよくない。

二十時、八度一分、腹圧大きく気になる。腹水八〇〇より一〇〇〇たまっているとのこと。蛋白質の塊と思うとよいと言われる。ハイネックス二〇〇、大便なし、尿二五〇〇、血圧百六十、高め。降圧剤なし。腰痛ひどし。（以下略）

七月九日

ＡＭ三時に九度九分になる。井上教授は心配ないとおっしゃっておられるとのこと。しかし、この高熱がきっかけで、また数日続くのではないだろうか。そして、また六月五日のときが起こるのではないだろうか。

七月十日

高熱免れるが、尿が近いため一睡もできず。せっかく高熱を免れたのに睡眠がとれないのは、困るので、先生にお願いをし、尿管を通して直に尿を排出するほうが体力的にも安心できるのではないか。本人を説得したいが。部屋を自発的に少々歩く。ハイネックス二〇〇cc。シャーベット二分の一。

七月十一日

三時、八度五分。十一時、八度。午後一時三十分、病室より突然電話がくる。息苦しそう。話の内容はやや幻想的な話。二十時、七度五分、いままでいちばん具合が悪い。全身の倦怠強く、身の置きどころがない。金宇、椎野、遠藤氏、みなで体をさする。

七月十二日

四時、七度九分。病室よりＴＥＬがくる。息苦しさがはっきりわかる。やはり話は幻想強し。二十三時三十分、腰痛止めを使用。ベッドに座り込む。全身の倦怠感強し。マットに寄りかかり眠りだす。五分ぐらいで目を覚ましてしまう。二十四時、六度四分。眠りに入る。

七月十三日

一時。目覚める。やはり朝まで眠れず。気分落ち込んでいる。昨日とあまり変化なく、腹圧強い。相変わらず発熱、八度で、解熱剤を使用している。排便なく、四日目。下剤服用拒否のため、明日座薬を使用するらしい。マスコミの張り込みにて病院行き中止。

七月十四日

一時、目覚める。体温、七度五分。八時、七度。一日中解熱剤を使用しなかったので、幻想もなく、話も少ないが、しっかりしている。ハイネックス二〇〇cc、ウーロン茶五本、ピンクグレープフルーツ三房。尿の出、良。浣腸にて排便。少ないが有り。

七月十五日

昭和60年8月。ハワイの友人、故ジョージ松岡氏の説明で花開く瞬間の『月下美人』を見入る真剣なまなざし。花を愛した裕さんの目が好き。

昭和60年12月2日、25回目の結婚記念日を自宅で祝う。舌ガンが木綿針の先ほどに回復。この後、12月21日に発熱。『太陽にほえろ!』撮影中止となる

七度台が一日中で、六度台にはならない。浣腸を使用し、排便をするが、ほとんど出ず。胸部エコー、異常なし。とうとう尿管を使用することになる。ＰＭ10時、体温急に上昇、九度一分。呼吸が乱れ、苦しく、酸素吸入を行う。

ホテルに逃れた、その前夜

七月十六日――いつものように病室に行くと、何やら大きな機械がどかんと占領しています。えっ⁉　と思って、先生におたずねすると、心臓の機械、モニターを設置したという説明でした。

「どうして機械がここに入るんですか?」

「ええ、遠くまで行かないで、近くで用が足りるようにということで……」

なんとなく仰々しく、おかしいなと首をかしげながら、私にはその真意がのみ込めないでいました。裕さんの腹圧は相変わらずで、かわいそうなくらい膨らんだまま。でも熱はあまりなく、ひと安心でした。付き添ってくださった金宇さんに容態のことをうかがっていると、慎太郎兄さんから問い合わせの電話が入った様子でした。応対に出た金宇さんは、私に気づかうように小声で話しています。

「お兄さん、あんまり遠くに行かないでください」と、いっているのが聞こえ、変なことというな、と思いました。でも、すぐにその出来事も忘れてしまい、私の頭の中は裕さんでいっぱいです。

その日はやたら看護婦さんの出入りが多く、脈搏《みゃくはく》を計ったり血圧を測定したり……。様子が違うのです。皆と相談の結果、近くのホテルに泊まることにして、私は着替えをとりに帰るために、遠藤氏に同行していただきました。もしかしたら……とあることで不安を覚え、高速から家に電話を入れたところ、案の定、まわりにはマスコミの車がいっぱいで、とても家の中へは入れそうもないとの情報です。しかたなくUターンし、その夜はホテルニューオータニに部屋をとることになりました。

マスコミの目を逃れ、やっとの思いで、部屋にたどり着きましたが、ここ数日間のマスコミの騒ぎは度が過ぎていました。病院のことが気になり電話を入れると、裕さんはすやすや眠っているという話。

「尿の量はどうですか、出ましたか」

とたずねると、岩崎氏（石原プロ）が、

「それが、あまり出ないんですよ」

私はこちらの事情を話し、朝早く病院に入ることを約束し、電話を切りました。でも、その夜はあれこれ気になり、興奮状態もあって一睡もできませんでした。

ふたりだけの別れ……

七月十七日――。

遠藤さんと私は、マスコミが来る前に病院に入ろうということで、朝五時にホテルを出ようとしました。しかし、不安があったので、病院に電話を入れると、すでに取材陣に取り囲まれ騒然とした状況のようです……。なんと九時まで待機させられ、タクシーで病院の〝開かずの裏門〟よりようやく中へ入りました。

医療汚物が積み上げてある暗い場所を通り抜け病室にたどり着くと、徹夜明けらしく清水先生が目を真っ赤にして、しょんぼり椅子にすわっておられました。

「先生、昨日からお休みになってないんですか？」

「はあ、まあ」

先生はちょっと複雑な表情を浮かべられて、なま返事……。何のために何の理由で徹夜になったのだろうか、そのときの私にはピンときませんでした。そのまま、病室に入ると裕さんは眠っており、私は枕元の椅子へ。

――尿が出にくくなったのは、腎臓が侵されて他の病を併発して、そのために尿毒症にならないように手術をするのだろうか――

裕さんの寝顔を見ながら、そんなことをあれこれ考えていると、先生方の出入りがあわただしくなり、尋常ではない雰囲気になってまいりました。病室の中の人の動きが激しくなるにつれて、その中に私の知っている方々がおおぜいいらっしゃるのに気がつきました。

――そうか……みんな裕さんのことを心配してお見舞いに来てくださったのだ――

私はこのときもまだそんなふうにしか受け取れませんでした。

そして、お昼過ぎ……。

「奥さん、あの、あのう……。けっして予断を許さない状態ですから、ええ、ええ」

井上先生は思い詰めた厳しい表情で私にそうおっしゃいました。開いたドアからものものしい機械が次々に入ってきて、まるで集中治療室のような格好になりました。その光景を見て、私はあわてて裕さんの手を握り締め、

「裕さん、裕さん！」

と耳もとに声をかけました。すると、遠くで聞こえたみたいに、

「ウーン」

と、かすかに返事らしきものがありました。

「返事した！　返事した！」

「そうそう、した、した」

昭和60年8月20日、前原先生の奥様と愛嬢がわが家を来訪。月明かりに誘われて散歩する裕さんとお嬢さん。

昭和61年2月。ハワイの別荘の庭先で。海の向こうに、まれに見る美しい満月。あまりにも綺麗だったので、カメラを持ち出し、月をバックにそれぞれを撮りました。裕さんの体温が安定せず、毎夜不安で眠れない時間を過ごしていた私には心なごむひとときの、夫婦のスナップです。

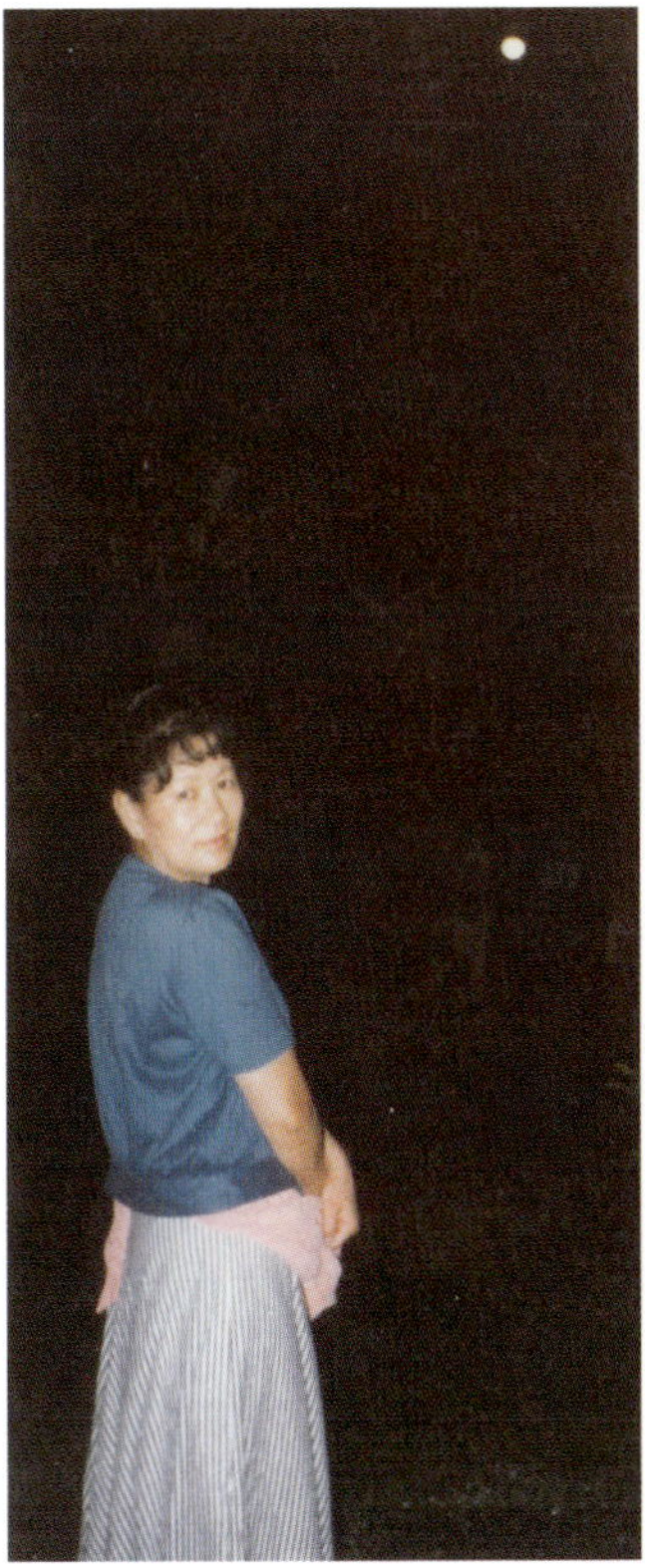

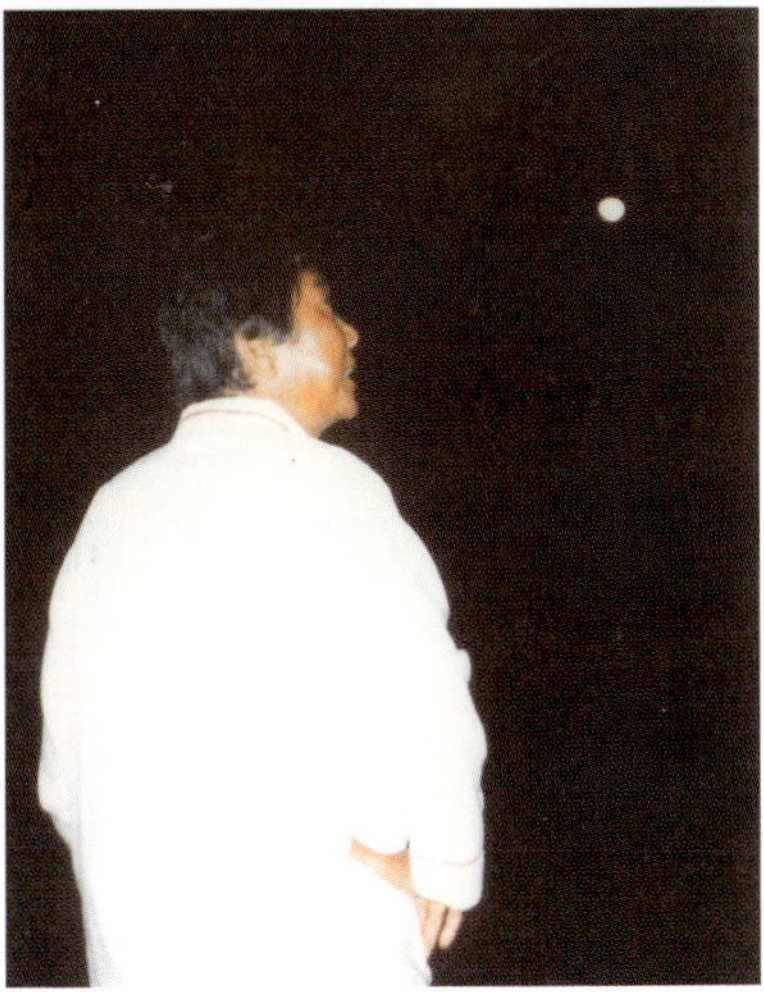

裕さんの反応に集まった人たちは、必死でした。

突然、先生が、手を近づけて眠っている裕さんの目を開きました。と、裕さんの目がフワーッと動いたのです。

――あっ、これは母が亡くなったときと同じだわ――

裕さんが、あのときの母と同じ目をしたのです。そのとき初めて、死という文字が私の頭をかすめました。でも、心電図のモニターを見てみると、かすかながら波長を描いていて、心臓が動いている証《あかし》を示しています。

動いている！　よかった……。動けば助かるわ、まだ助かる……。

そばで井上先生と小林専務が声をひそめて話しているのが耳に入りました。「奥さんにいってくださいよ」そんなやりとりが、かすかに聞き取れるのです。そして私のほうをチラッと見て、おふたりとも困った表情を浮かべておられました。

また、先生が裕さんに近づきました。脈をとり、時計をごらんになりました。

「ご臨終です。三時四十五分でした」

ところが――。先生の宣告が終わったとたん、水平線になっていた心電図のモニターが再び、動き出したのです。

――また奇跡が起こるのでは……。

私の心臓は一瞬高鳴りました。しかし、それから四十分後、今度はほんとうに心電図の動きがピタリと停止し、水平線のままになりました。あとでお聞きした話ですが、先生が脈をとられたときは、完全に脈は止まっていて、石原さんだからという理由で、普通の人より一分よけいに間をおいて臨終を宣告されたということでした。

その瞬間、まわりでモニターを凝視していた人たちの間からすすり泣きが始まりました。取り乱して号泣する声、声……。でも、その瞬間になっても、私には裕さんの死がどうしても信じられないのです。

――裕さんは強い人だもの、まだ助かるわよ――

私は救いを求めるように先生方の目を見ました。すると、先生方の一人一人が、私の訴えるような顔から視線をそらされるのです。そして、私の視界に入らないほうへ、入らないほうへと少しずつ体を動かされるのです。私は酸素が口からもれないようにと、必死で器具をつかんでいたので、前かがみの状態のまま。下から、先生方を執拗に目で追っていきました。先生方の顔色をうかがうために、必死でそのお顔を探しておりました。

先生方が答えてくださらないので、今度はなじみの看護婦さんに救いの目を向けると、やはり陰へ陰へと下がってしまいます。たまたま私と目が合うと、急いで目を伏せてしまうのです。

「ねえ、どうなんですか」

私は若い看護婦さんに、執拗に食い下がっていきました。

「そうですね」

一人の看護婦さんが、相づちを打ってくださいました。

「大丈夫なんでしょう。大丈夫なんですよね」

「ええ……、ええ……」

私のそばにすわり、私と同じ体勢で聴診器で心臓をみてくださっていた無口で静かな小川先生が、突然「奥さんしっかりしてくださいよ」と私に声をかけられ、そして聴診器をそーっとはずされました。四時二十六分。別れ――。

そうした死の実感とともに、涙があふれてきました。

裕さんの頬にそっと私の頬を近づけると、とてもあったかくて、いまにも声をかけてくれそうな感じでした。このぬくもりをこのままにしておくことはできないのだろうか……。そう思いながら、私は裕さんにすがってとめどもなく激しく声を上げ肩を震わせました。

断った裕さんの遺体解剖

ひとしきり泣いたあと、私は石原裕次郎夫人としての残された諸事のため、気を取り直すよう必死に努力をしておりました。すると慎太郎兄と小林専務が、私にこうおっしゃったのです。「マコちゃん、慶応病院は裕次郎のために並み大抵でない治療をしてくれた。最高の治療を、長年かかってしてくださった。まして裕次郎は動脈瘤のときから奇跡といわれる経過をとってきてるんだから、先生方が内容を知りたいというのは当然だと思う。ここは恩返しのつもりで、我慢して解剖をしたらどうか」

「これ以上とてもかわいそうですから」

私はお断りしました。義兄《あに》もそれ以上強くおっしゃらず、「そうだね」とすぐ納得してくださいました。

裕さんの死顔は、それこそ眠っているようにきれいでした。お通夜の席で、錦之助さんが、「何だ、裕次郎、寝てるのか。起きろよ、起きろよ」

そうおっしゃったくらい、きれいな顔でした。

そんな裕さんを手術台に乗せて、何度も何度も体にメスを入れるなんてかわいそうすぎます。もう終わりにしてあげたい。

胸部大動脈瘤の手術を受けた患者が生還する確率は、ごく少なく、そのため裕さんは〝奇跡の生還〟と呼ばれました。しかも裕さんの場合はそれから七年も延命し、慶応病院始まって以来の快挙でもあったわけです。あのとき、先生方から受けたご恩はけっして忘れられるものではありません。それればかりか今度いただいた献身的な治療を含めて、感謝のほかないのです。それなのにその恩返しさえできなかった私をどうぞお許しください。

夫、裕次郎をただ安らかに眠らせてあげたいのです。

ガン告知の是非

ガンの告知についてはさまざまな意見があり、その受け止め方も人それぞれ違います。でも私は、どんなことがあっても本人には知らせるべきではない、と思います。

たしかに、近代医学の進歩で、乳ガンや子宮ガンなど、内容によっては早期発見によって百パーセント治るようになりました。私の姉も実は、十一年前に子宮ガンの手術をしましたが、再発することもなく、今日に至っております。なのに、ガンと知って手術した姉はいまだにガンへの恐怖心を抱いているのです。

ましてや裕さんの場合は、スキー骨折、胸部疾患、舌下潰瘍、大動脈瘤と、さまざまな病気で苦しめられてきましたから、病名には敏感です。そんな傷ついた裕さんに、「あなたは肝臓ガンです」などと恐ろしいことがいえるでしょうか。

これまでも申し上げましたが、石原裕次郎という人は、非常に繊細な神経の持ち主なのです。

ガンを告知されたら、あの人の神経ではその日から参ってしまったに違いありません。ただ、今になって考えてみると、私には後半だけでも悪性と知らせてくださってもよかったのでは、という気もしないでもありません。知っていれば、もっともっと裕さんにしてあげる何かがあったかもしれないから……。でも、その場合はたして私が平静でいられたものか、どうか。けっきょくは裕さんに知られることになっていたのではないでしょうか。

堂々めぐりの繰り言はとにかく、やはり渡さんや小林専務のとった行動は正しかったし、ガンは告知すべきではないと、私の体験から強調しておきたいのです。

初めて知った遺言状

裕さんが亡くなる少し前、六月二十四日のことでした。裕さんの夕食の支度をしていると、小林専務がふらりと訪ねてきました。話したいことがあるそぶりですのに、いっこうに切り出さず、雑談ばかり……。

その気配から裕さんの病気のことで、また何か重大なことが持ち上がったのだと思いました。やがて専務は、意を決したように、そして妙にまわりくどい言い回しで切り出したのです。

「今、こんなときにする話ではないんですが、僕は社長の番頭として絶対に守らなくてはいけないことなので、奥さん、僕の話を信じて聞いてください」

小林専務が、これから何をいおうとするのか、察しようもありません。

「僕は社長にいわれたことを、一日も早く遂行するのが自分の義務だと思ってるんです。それで実は社長が前々から、僕に頼んでいたんですよ。万が一そのう……奥さんが一人残されたら……原案をですね、作ってくれと」

「原案ですって？」

「遺言状です」

「とんでもないです。そんなもの、書かせないでください」

私がいやがるのを百も承知で話をされた専務はさぞつらかったろうと思います。しかし、そのときの心境としてはいちばん聞きたくない話でした。裕さんに先に行かれたら、私はもう、何も考えられない。何もする気が起きません。

一人にされたら生きる必要もなくなるし、何もいらないのです。

亡くなったあとで聞かされたのですが、その遺言状は裕さんのほうから書き残しておきたいといったそうです。

七年前の大手術のとき、慶応病院の便箋に鉛筆で書いた遺言状を、法的効力のあるキチンとしたものにまとめておきたい、と、ずーっと考えていたそうです。

五月十日、入院中の裕さんは専務に、

「話がある……」

と、遺言状のことを口にしました。

「カミさんのために正式なものを書いておきたい。小正《こまさ》（小林正彦専務の愛称）、原案を作ってくれないか」

「社長！　縁起でもないことをいうもんではない！」

と一度ははね除《の》けたのですが、

「たのむよ小正、ベッドの中でやることがない、暇つぶしに書いておきたいんだ……」

裕さんのそんな言葉に負けて、専務は法律的効力のある原案を作ったそうです。

専務ができ上がった原案を届けたところ、裕さんはすでに筆を持つ気力がなくなり、ついに遺《のこ》すことはできませんでした。そんな話を、専務は私に口ごもりながら話してくれました。

私のことをそこまで考え、思ってくれていた裕さんに、私は言葉もありませんでした。

けっきょく、裕さんの遺言状は小林専務の口述筆記という形で遺されることになりました。

法的なことでいろいろ問題が起きたようですが、七年前の走り書きと合わせ、公文書に準じるものと、判断され解決しました。

●闘病中に見せた明るい素顔⑪

昭和61年1月21日、久しぶりにふたりでビーチに出かけました。『ママ、そこで止まって！』とシャッターを押した裕さん。お返しに私も一枚。

昭和61年3月。美しいフォームで泳ぐ人でした。海の町で生まれ、育ったせいでしょうか。海が、ほんとうに好きでした……。

昭和61年3月。アメリカンカップ・レース出場のためトレーニング中のアメリカのヨットを見つめる裕さん。後ろ姿がさびしい——。

●闘病中に見せた明るい素顔⑫

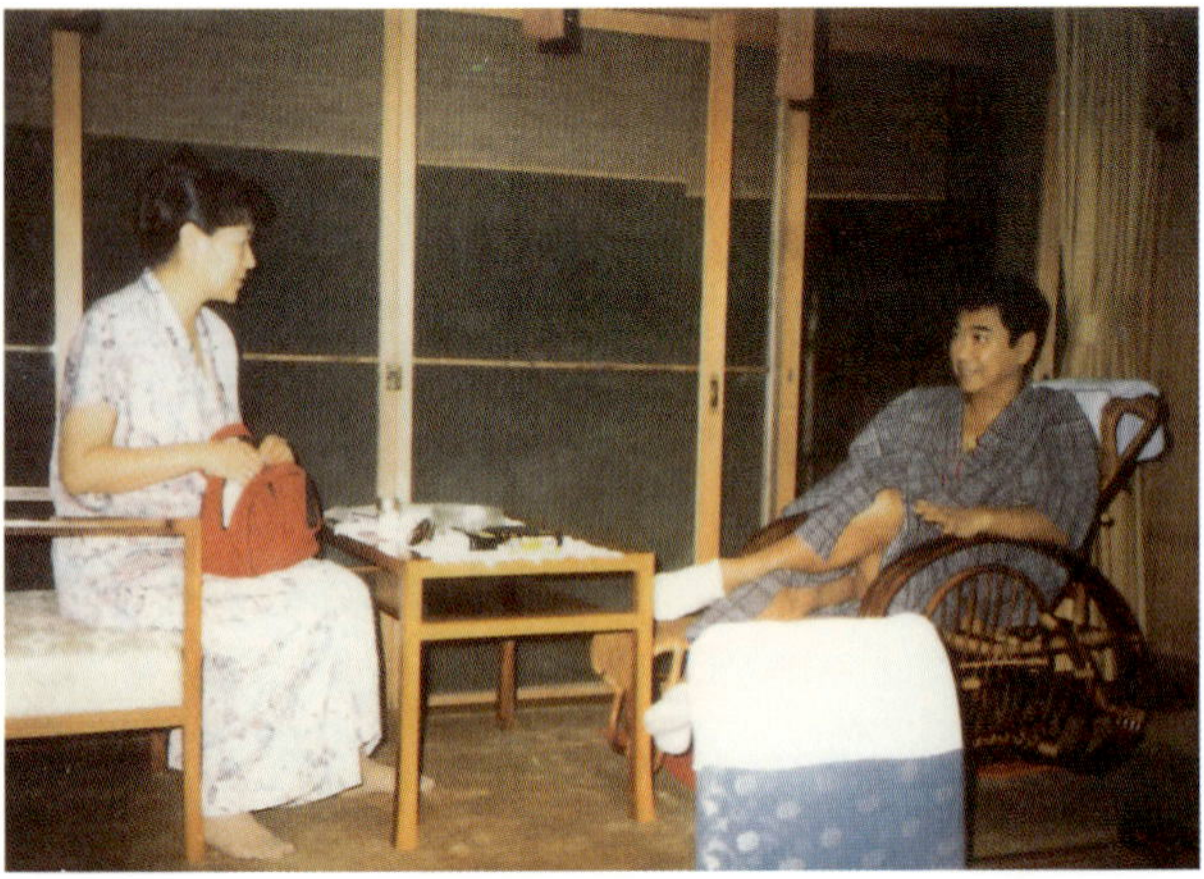

昭和61年９月７日、大好きだった芦原温泉へ。ここに来ると、いつもお世話になっていたのが『べにや旅館』。ことのほか、裕さんはこの旅館がお気に入りでした。

昭和61年11月29日、慶応病院の手術着がとても気に入り、ハワイの別荘まで持ってきて、パジャマがわり。このころから原因不明の鼻血が……。

昭和61年11月30日、愛用のカメラを手にする裕さん。フィルムを装填して、いつもだれかのシャッターチャンスを狙い傑作を自慢していた。

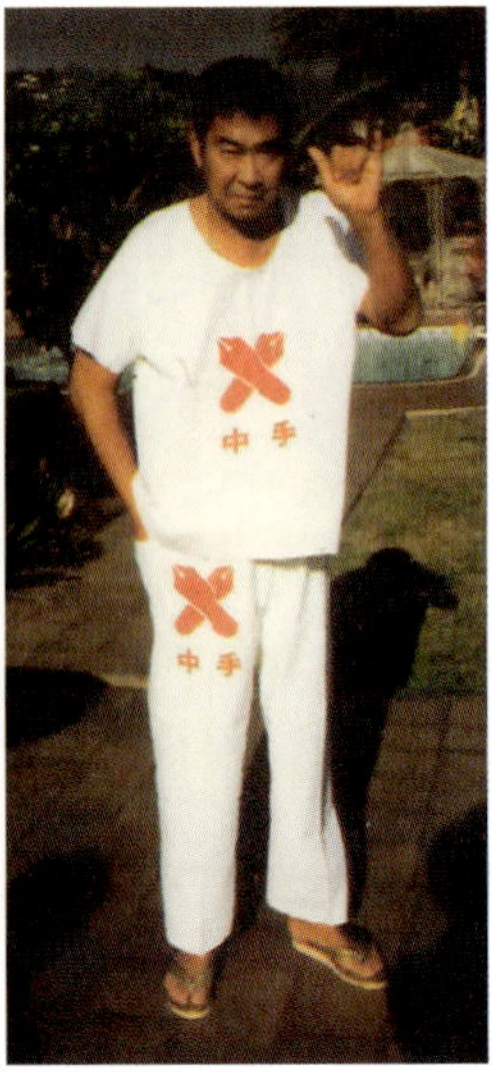

昭和61年12月2日、ふたりの26回目の結婚記念日。裕さんが朝から高熱が出たため、緊張してカメラに収まる私。裕さんは熱のため倦怠感が強く、このあたりから毎日高熱が出るようになりました。

いくつになっても、自然にキスの交換ができるふたりでした。裕さんのキスは、それ自体がサマになり、自然で、少しもキザに感じさせなかった。

●闘病中に見せた明るい素顔⑬

昭和61年12月15日、自宅庭のパパイアの前でポーズするふたり。腰をかがめ、少年のように観察する裕さんの表情が好きです。裕さんにしかない魅力のひとつです。夜になると倦怠感がひどく、強い腰痛のため、ベッドの上に座り込む日が続きました。つらそうに夜を迎える裕さんの姿が痛々しくて……。

昭和62年元旦、別荘で祝ったハッピーニューイヤー。一滴も飲めない身体になったにもかかわらず、ゲストにドリンクサービスの裕さん。

昭和61年12月24日、イブの夜、珍しく自分から台所へ立って。腰痛がひどくなり、昼間のゴルフも三ホールで上がってきました。

●闘病中に見せた明るい素顔⑭

私にだけ見せた、ひょうきんな素顔。カメラを構えると、何枚かに一枚はこうしておどけたポーズを作ってみせてくれるのです。ハワイでの楽しい想い出アルバムを、ここに整理してみました。

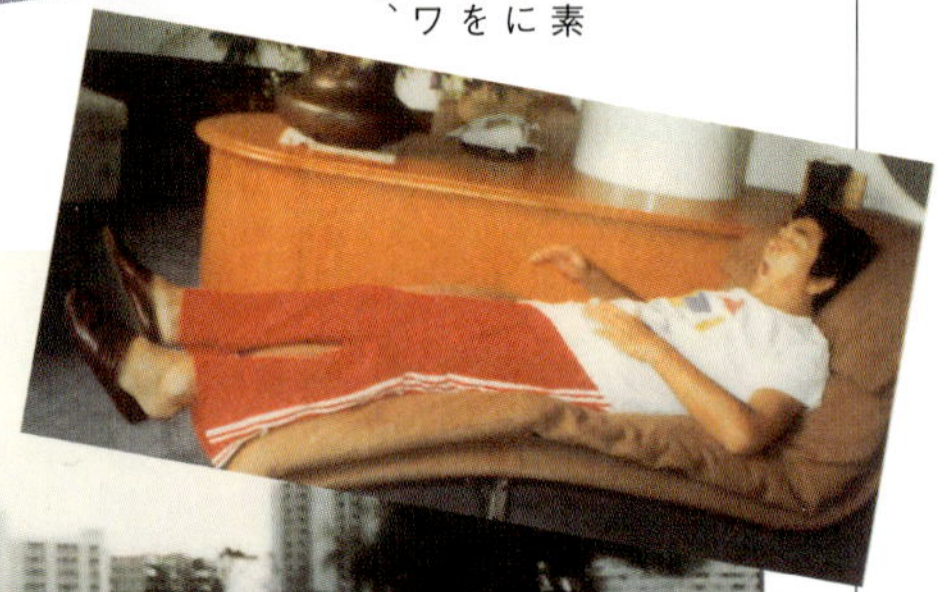

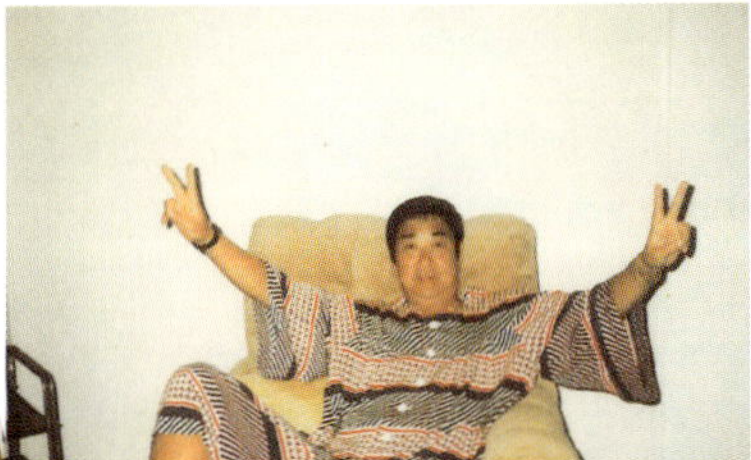

私の五つの後悔

あのころ、一日も早く裕さんに元気になってもらいたいために、「あれもダメ、これもダメ！」と厳しく規制しました。

そのことを、いますごく後悔しています。

ああ、もっともっとわがままを聞いてあげればよかった……。

健康を気づかっての、私の一方的な思いやりに、裕さんは、いつも悲しそうな顔で我慢して

昭和62年３月19日、浜辺の散歩から帰ってきた裕さん。足が細くなりつつあるのが気になる。元気になったとき、裕さんに見せたいために撮影しました。

昭和62年3月30日、「ママ、こんなところまで入ってきてはダメ！」のセリフにおかまいなしに撮りました。裕さんの笑顔が大好き。

従ってくれていたのです。

最後に過ごしたハワイの別荘で、タバコを隠しながら喫《す》っているのを見つけて、取り上げたときのなんともいえない悲しい表情。

六十二年四月十六日、ハワイ滞在を終えて帰国する機内で、食事に出されたワインを、

「一杯くらい、いい？」

と聞く裕さんに、身体のことを思って無理に止めたとき素直に従いながらも、さみしそうにした横顔を思い出すのがつらいのです。

こんなこともありました。

裕さんの鼻血が止まらず、心配と治療で苦労している私を知りながら、やっと止まったと思ったら、「気持ちが悪いから……」といって鼻の中をさわって傷つけてしまい、再び二時間近く出血。注意を聞かない裕さんに怒っ

て部屋を出て行った私……。

食事の用意をしながら、心配で心配でたまらないくせに、ドアの前で様子を盗み見するだけで、ついに部屋に入らなかった私……。あのとき、〝心配だから救急車を呼びましょう〟と、なぜいえなかったのだろう。

一瞬の腹立たしさから、一時間以上も口をきかないで放って置き、そのあいだ、裕さんに孤独な時間を強いた私……。

裕さん、許して。

そしてまた、こんなこともありました。

食事の買い物に車で出かける私を、毎日戸口まで手を振って送るのが裕さんの日課となったある日――。

「気をつけろよ」

と心配する裕さんに、

「信用してよ。その言葉、耳にタコができたわよ！」

ふざけて答えた私……。

どうして、あのとき、素直に〝ありがとう〟といってあげなかったのだろう。

〝そんなことより、裕さんの身体のことで頭がいっぱいなの〟――裕さんのさびしそうな目が心に焼きついて、強い自責にかられます。

東京へ帰る二週間前のことでした。

真夜中、人の気配で目を覚ますと、私のベッドの横に、裕さんがたたずんでジーッと見ているのです。

「裕さん、こんな夜中に疲れるわよ。早く部屋に帰って寝ましょうね」

私の言葉に「うん……」といって、素直に部屋を出て行った裕さん。いま思うと、きっと一人寝が不安で眠れなかったのでしょう。

どうしてあのとき、あんなことをいってしまったのだろう。

母親にさとされた幼児が不安な思いのまま、スゴスゴと部屋へ戻って行くようなしぐさ。うなだれていた裕さんの後ろ姿——。

どうして、あのとき、あんなことをいってしまったのだろう。どうして、裕さんの話を聞いてあげなかったのだろう。

それらのことを思い出すたびに、鼻の奥がツーンと痛くなって、涙がとめどもなくあふれてきます。

そして、私は、ひどく落ち込んでしまうのです。

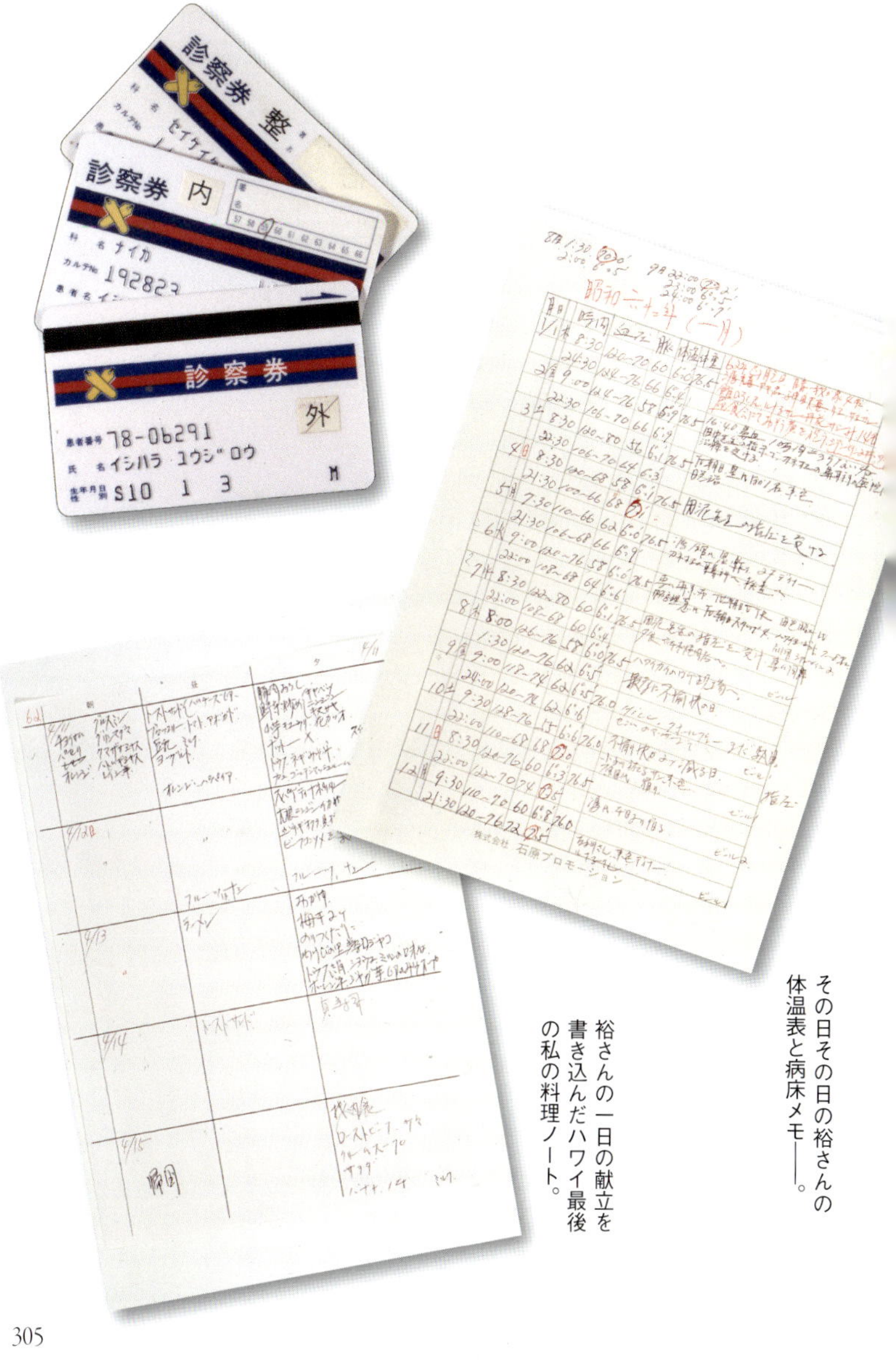

その日その日の裕さんの体温表と病床メモ――。

裕さんの一日の献立を書き込んだハワイ最後の私の料理ノート。

第五章　裕さんが遺してくれたもの

すばらしい仲間たち

裕さんは、ほんとうに不思議な性格の人でした。

人を貶《おとし》めようとか、ライバル視するとか、そういう意識はいっさいない人でした。海のような広い心を持ち、けっして他人の悪口をいう人ではありませんでした。

頭の中で、その人のいいところばかり一生懸命探して、長所で人間を計る、といった人でした。

そのように、たぐいまれな資質を持った裕さんでしたから、まわりには、自然とすばらしい人たちが集まってきました。

そしてその人たちこそ、裕さんが私に残してくれた最大の遺産なのです。

裕さんを産み、ある時期まで育て上げたのが、母、光子と、兄の石原慎太郎だと思います。

昭和62年4月19日、柏の佐藤先生の治療を終えて帰宅。石原プロ小林専務、渡哲也氏と自宅居間で食事。仕事の話がはずみ、楽しいひとときを——。三人での食事はこれが最後に。

裕さんの他人への思いやりや、広い心はおかあさまから受け継いだものです。

裕さん思いのほんとうにやさしいおかあさまで、私の半生を振り返ってみて、教えていただくことがたくさんありました。

慎太郎さんと裕さんは男っぽいつきあい方をする、はた目にもうらやむいい兄弟でした。ただ、硬派と軟派にあれだけ見事に分かれる兄弟というのも、珍しいのではないでしょうか。

弟はすべてにソフトで、相手を思いやってから発言する人でした。ときには相手の気持ちを思って、あえて乱暴な言葉づかいをすることもありましたが、そのほうが相手のためになると考えたからなのです。ところが一方の慎太郎さんは自分の信条に従って発言されるところが多々ありました。非常にシンの強い、きっぱりとした印象を与えます。

それも無理のないことです。お父さまを早くに亡くしたために、一家の精神的支柱とでもいうべきものが、長男である慎太郎さんの肩にみんなかかったわけですから。おかあさまはお嬢さま育ちの方ですから、家計のやりくりがあまりうまいほうではありません。お義兄《にい》さまはそんなおかあさまと、遊び盛りの弟を抱えて、しっかりしなくちゃいけないと、肩ひじを張って生きなければならないつらさがあったと思います。ですから裕さんにとって、石原慎太郎という人は兄であると同時に、父でもあったのではないでしょうか。

でもやはり兄弟。二人とも共通面があって、ものすごくやさしいのです。

裕さんをこよなく愛してくださった方のひとりに、石原プロの小林正彦専務がいらっしゃいます。

私が、家庭の代弁者とすれば、専務は会社組織の中の石原裕次郎の代弁者でした。

あの方がいなかったら、これだけの紆《う》余《よ》曲折を乗り切ってこられなかったことは事実です。これは、もう石原裕次郎が、どんなに頑張ってもダメでした。

小林さんがいなかったら、裕さんが熱海へ入院した時点で会社をたたんでいました。

一見がさつで戦闘的な人なのですけど、ほんとうはものすごくやさしくて照れ屋……。がさつなふりをしているだけなのです。少しおっちょこちょいのところがありますが、裕さんはそ

昭和61年1月、日本テレビ特番でハワイに集合した石原ファミリー。司会役の奈良岡朋子さんは、裕さんが姉のように慕っていた女優さんです。

昭和57年7月23日、自宅へ訪ねてくださった長嶋茂雄さん。庭に出てゴルフ談議に話を咲かせ、裕さんの身体を心から心配してくださいました。

こに男として惚れたのです。

そして、小林さんも、心から裕さんに惚れていました。裕さんの最後の最後まで、完璧に看取《みと》ってくださった小林さんに、深く深く感謝いたします。

小林さんと、同じように裕さんを支えてくださったもう一人の方、渡哲也さん――。

渡さんは日活でデビューが決まったとき、裕さんのところへ挨拶に行ったのです。日活撮影所の食堂で食事中だった裕さんは当時すでに大スター。

無名の新人に裕さんはきちんと立ち上がり、

「あなたが渡さんですか。頑張ってください」

と激励して、渡さんを感激させたと聞いております。

後年、兄、弟、それ以上の結びつきに至ったふたりの運命的な出会いの日です。

その後、裕さんから私も紹介されましたが、裕さんから聞いていた印象とまったく同じなのです。生まれたての赤ん坊みたいに、みずみずしいまっ青な目をして、すがすがしい若者でした。なんていい青年なんだろう……。裕さんが一目惚れしたわけがわかりました。

石原プロが危機のとき参加してくださいましたが、裕さんは反対でした。

「あえてこの時期にうちに来たってどうしようもないんだよ。役者として大成させるには責任が持てない」

と、渡さんにいったのですが、それでも渡さんは参加してくださいました。

私が見たふたりの印象は、兄弟です。生まじめな弟に年じゅう迷惑をかけてばかりいる〝兄貴〟が裕さんで、渡さんはやさしい〝弟〟でした。病気ばっかりしてこの兄貴はしようがないな、と思いつつ、それでも必死に尽くす弟……といった感じでした。

こうなってくると、ほんとうに、身内、兄弟以上の結びつきだったのかもしれません。

渡さんは、この一年間、仕事を控えて、喪に服されました。裕さんが亡くなってまでも、想い、慕ってくださる男の友情に熱い感動を覚えます。

舘ひろしさん、裕さんとタイプは違いますけれど、非常に共通している面があります。照れ屋であがり屋で、本当に純粋な人。外見は、暴走族だ何だというイメージを与えて出てきた人ですが、素顔は違います。きちんとした家庭で教育された、とても賢明な人です。いまでも、何かあるとすぐに裕さんの位牌の前に報告にきてくださいます。

裕さんのひと言で、結婚に踏みきれた神田正輝さん。聖子さんとホノルルの別荘へ「結婚したい」といってきたとき、私はびっくりしました。

「結婚したいといったって、ついこの間お互いに知り合ったばかりでしょ。早すぎます」と、はっきりといいました。すると裕さんが、

「いや、早いときは一日も早いほうがいい。ウジウジしていたら結婚なんかできないぞ。結婚

しなさい」

ふたりは、この言葉で結婚に踏みきり、裕さんは最後までふたりを守ってあげました。

石原プロが多額の負債で、危機に陥ったとき、救ってくださったのが宝酒造の大宮隆会長でした。

裕さんと小林専務が、恥をしのんで台所事情を話し、

「コマーシャルの出演料の前借りができませんでしょうか」

とお願いに伺ったとき、

「いいですよ。僕は石原さんのこと好きですから」

と、即座に全面的協力を約束してくださったのです。しかも多額の融資まで申し出ていただき、そのおかげで石原プロは立ち直るこ

昭和60年12月。ハワイの別荘で、くつろぐ裕さんと私。渡哲也さん、神田さん、『西部警察』でご一緒した三浦友和さん、百恵さん来宅。

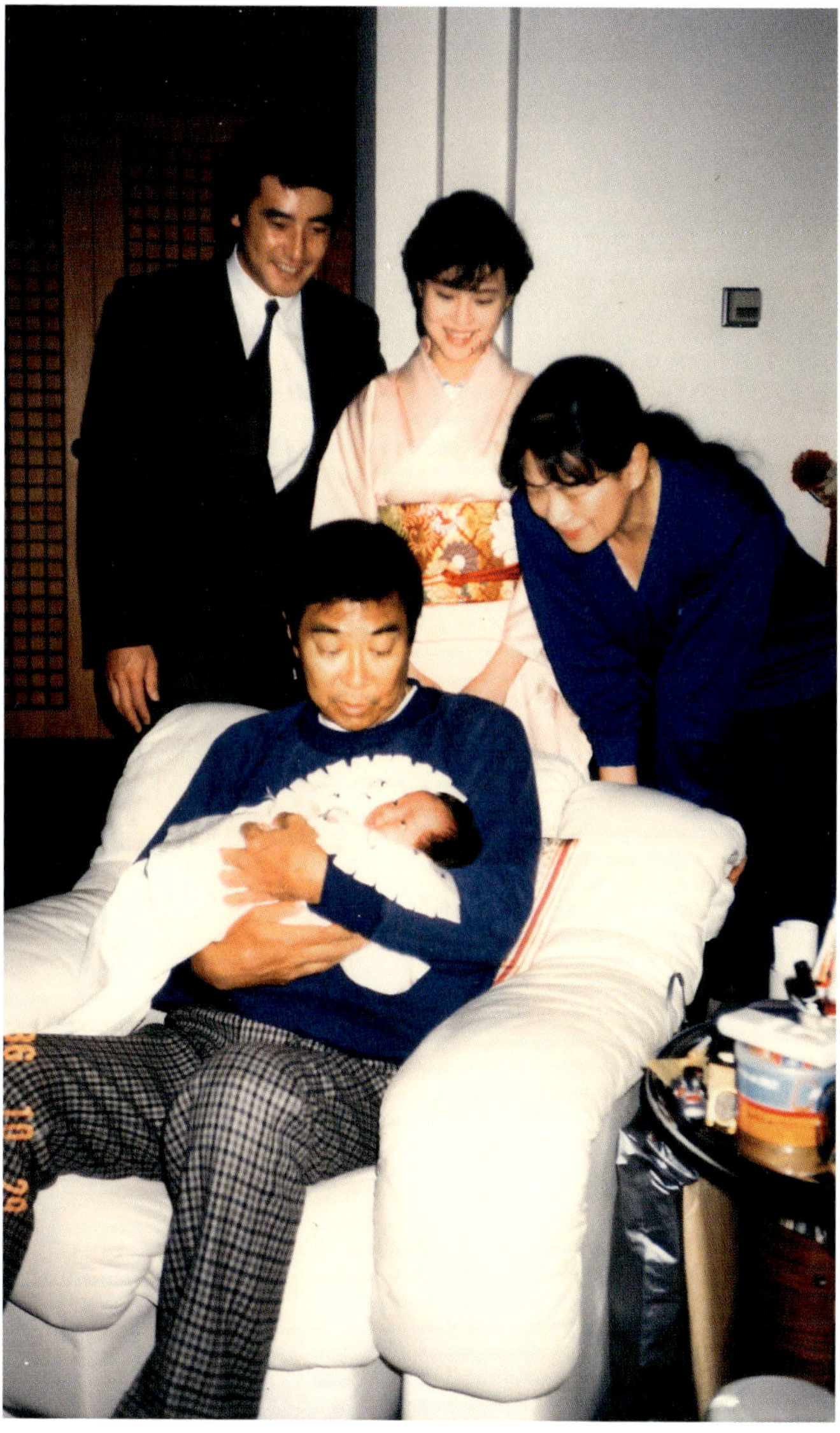

昭和61年10月29日、愛娘沙也加ちゃんのお宮参りをすませ自宅に寄ってくださった正輝さんと聖子さん。裕さんの好々爺ぶりがとても印象的でした。

とができたのです。石原プロにとって、命の恩人です。

故・久木田様、細見様、あのときはお世話になりました。それも、これも、裕さんをほんとうに愛してくださっていたからなのでしょう。

裕さんと大きな事業の構想で年中会っていらした藤本紫朗さん、それが『太宰府メモリアル・パーク』だけに終わって、さぞかし残念なことだと思います。

長嶋茂雄さんとは、野球界にデビューされたときからのおつきあいです。

現役のころ、ホームランを打ちながらベースを踏まないでホームに帰った、幻のホームラン事件がありました。長嶋さんは、裕さんに、そのときの〝幻のホームランバット〟をプレゼントしてくださいました。

「シゲらしいよな、ベースを踏まないで回っちゃったっていうんだから」

と、裕さんがおなかを抱えて笑っていたことを覚えています。

その長嶋さんの長男、一茂くんがプロにデビューしたそうですね。あの子が産まれた日、喜びの電話をいただいています。本当に月日がたつのは早いものです。

裕さんが長嶋さんからいただいたあのバットは、長嶋家の想い出の品でしょうから、いずれ近いうちに一茂くんに返してあげたいと思っています。

裕さんが遺《のこ》してくださり、そして裕さんを愛してくださった方々がたくさんいらっしゃいます。

石原プロの金宇《かなう》常務、ありがとうと申し上げます。七年間、裕さんの傍らで、ほんとうにほんとうによく尽くしてくださいました。

心を鬼にして裕さんの健康管理をしてくださり、さぞかしつらかったことと存じ上げます。

石原プロの若手俳優の峰さん、御木さん、良純さん、秋山さん、ほんとうにご苦労さまです。

関町さん、長い間裕さんの車を守ってくださってありがとうございました。

遠藤千寿さん、仕事を犠牲にしてまでも、裕さんと、私に時間をくださいました。ほんとうに心のやさしい方でした。

大塚真靖さん、ありがとう。あなたがいらっしゃらなかったら、この成城の家を一刻たりとも留守にしておくことはできませんでした。

渡哲也さんの奥さま敏子さんと海老名美どりちゃん、神田法子さんありがとうございました。

慶応病院の井上教授以下先生方たち、看護婦さん、職員の方たち……。七年間、本当に裕さんの

昭和57年7月23日、私の誕生日に、結婚のご挨拶にいらしてくださった寺尾聰さんご夫妻。裕さんは彼をかわいがり、影響を与えました。

ために治療、看護、協力をしてくださり、感謝いたします。『太陽にほえろ!』の岡田さん、梅浦さん、他スタッフのみなさん裕さんのためにありがとうございました。

石原プロ社員の方、ご家族の方、ご苦労をおかけいたしました。

お世話になり、愛してくださった方々が、あまりにもたくさんいらっしゃいます。ほんとうにほんとうにありがとうございました。

アフリカから送ってくれた押し花

裕さんを愛してくださった作家の倉本聰さん——。

あなたの言葉に勇気づけられました。

裕さんが病気したあとのホノルルです——。倉本さんも、お子さんがいらっしゃらなくて、しかもわたしたちと同年配で、奥さまも一つ年上。雑談の中で、

「僕はこのごろ寝室をかえた。妻の部屋は妻の部屋。自分の部屋は自分の部屋と、寝室を分けたのです」

それを聞いて、どうして分けたのですか、とたずねますと、

「あるときふと気がついたら、隣にいるべき家内がいない……なんて、こんな恐ろしいこと考

えられる？」

と、私にいわれたことがあります。

それは私がいつも考えていたことなのです。

以前私たちはダブルベッドでした。それをある時期からシングルにかえたのは、倉本さんがおっしゃったことと同じ理由からなのです。

あるとき、ふっと、いつもダブルベッドで、いくつになっても、ふっと隣に……ああ、いた、ああ、と安心しますでしょう。

もし、裕さんがいなくなったときに、どうなるんだろう……。私みたいに、いつも恐怖におののく人間は耐えられないと思ったのです。

昭和44年4月6日、押し花に続いて、フラミンゴの羽を同封して送られてきたアフリカからの手紙。〝フラミンゴの羽に想いをよせて〟と。

それで、ある時期、私たちは部屋はかえないけれどベッドをかえて、二つにしました。

ほんとうは、ふたりとも人一倍さびしがり屋ですし、一緒につなげておきたかったのです。

そういう夫婦でしたから……。

でも、あえてベッドをかえました。そこで分かれたという理由は、たったそれしかないのです。

そうしたことが、いま唯一の救いになっていることも事実です。夫婦として過ごす季節の中で必ず訪れる別れの、最初の準備なのかもしれません。

十九年前、アフリカから裕さんが送ってくれた名も知らぬ押し花があります。

裕さんが遺《のこ》してくださったもののなかでも、私にとって想い出深い、裕さんのにおいの漂うプレゼントです。押し花に添えて、こんな手紙が届きました。


大変御無沙汰して居ります。

手紙を書く暇もなく、連日強行なる日程で撮影快調です。

今、ナイロビから250マイルはなれた、キターレと云う所に来て居ります。

スタッフ全員土人と間違う位の日焼けで真黒です。

小生も例の様に裏、表わからぬ黒さです。

ケガも病人もなく順調です。

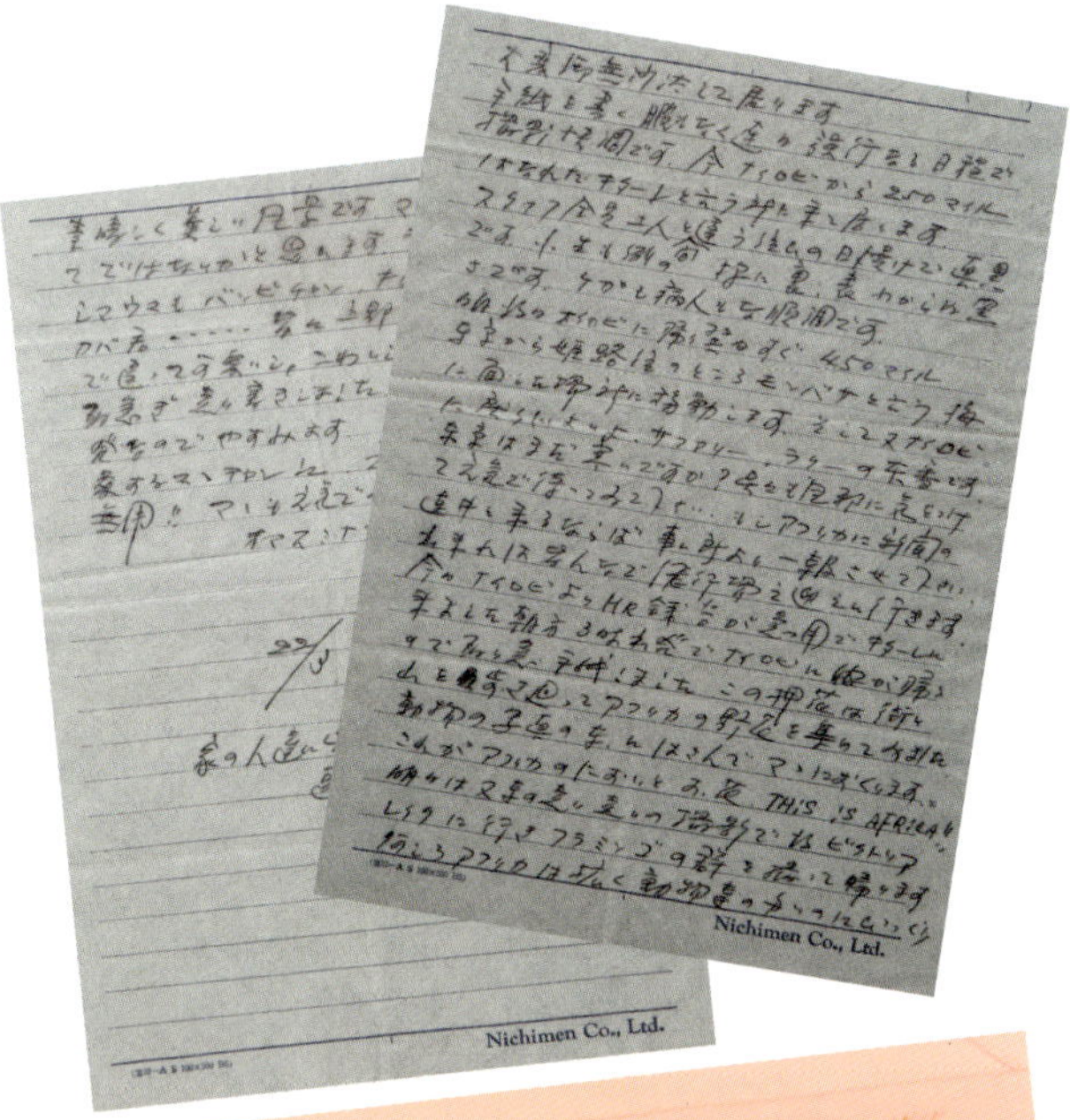

昭和44年3月23日、『栄光への5000キロ』アフリカロケ地より、名も知らぬ押し花を添えて、仕事ぶりと、私への思いを綴った裕さんらしい内容。

押し花は大事に保管していましたせいでしょうか、いまも十九年前の美しい形をとどめ、私の気持ちをなごやかなものにしてくれます。

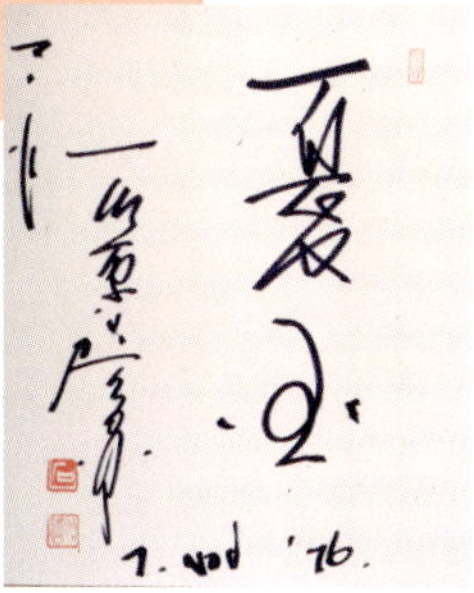

裕さんの生涯で、たった一枚だけ私のために書いてくれた色紙——。なぜか憂国、と書いています。これも私の大切な遺品の一つになりました。

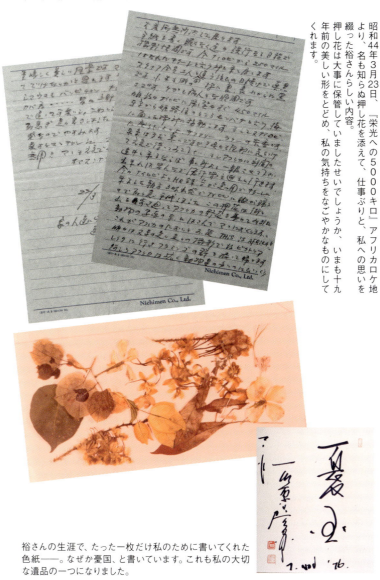

明日はナイロビに帰り、翌日すぐ450マイル、東京から姫路位のところモンバサと云う
海に面した場所に移動します。

そして又、ナイロビに戻り、いよいよ、サファリラリーの本番です。

東京はまだ寒いですか？　呉々も風邪に気をつけて元気で待ってゐて下さい。

もしアフリカに新聞の遠井と来るならば、事務所より一報させて下さい。

出来れば皆んなで飛行場え迎えに行きます。

今日ナイロビよりMR銭谷が急用でキターレに来ました。朝方3時出発でナイロビに彼が
帰るので取り急ぎ手紙しました。

この押花は、街と山を歩き廻ってアフリカの野花を集めてみました。

動物の写真の本にはさんで、マコにおくります。

これがアフリカのにおいとお花、THIS IS AFRICA‼　明日は又東の遠い遠い
撮影で後ビクトリア・レイクに行き、フラミンゴの群を撮って帰ります。

何しろアフリカは拡く、動物達の多いのにびっくり、素晴らしく美しい風景です。

マコも是非来てはいかがかと思います。

ライオン君、ゾー君もシマウマも、バンビちゃん、キリン君、サイクン、カバ君……。

皆々、上野の動物園とはまるで違って可愛いし、こわいし、楽しいです。

取り急ぎ走り書きしました。明日は又、7時出発なのでやすみます。
愛するマコちゃん江、元気ですから心配無用!!　マコも元気でね。
オヤスミナサイ
裕
家の人達に呉々も宜敷く、逗子の方々も宜敷く――。
「栄光への5000キロ」アフリカロケ地より。
裕さん・34歳・春――。

裕さん、お元気ですか、いかがお過ごしでしょうか。

裕さんが「裕次郎記念館」の構想を持っていらっしゃったということを、あなたが亡くなられた後で、知りました。

デザイナーの鳴原さんが、あなたが書いたプランニングのスケッチ画を持ってきてくださったのです。

地下があり、一階が百二席の劇場、サロンがあって、ビデオルーム。二階が映写室に展示場、ライブラリー、そうそう、あなたの大好きな、本物のヨットも飾ってある――。

規模から想像しますと、成城の自宅か、一丁目の土地をイメージに、プランニングしたみたいですね。

裕さんらしい、オシャレで、文化的なプランに思わず私は微笑《ほほえ》んでしまいました。

裕さんは、成城の自宅を大変、愛していましたから、あなたの遺志、私なりの気持ちで継いでいきます。

生まれ変わっても裕さんと……

私の将来のことは、まだ考えたことはありません。三回忌もある、七回忌もある、裕さんの供養をしなければならない日ってありますでしょう。

そのほうへ気持ちが逃げてしまっているのです。

すべて終わってからゆっくり考えようと思っています。七回忌というと、私はもう六十歳を過ぎるわけです。

その前に、いくら私が健康でも、急に病気をするかもしれません。

昭和62年3月21日、浜辺の散歩から帰ってきた裕さんを、内緒で撮ったスナップ。
弱々しい歩き方が哀しい……。

いまは裕さんのことしか頭にないのです。フーと考えて、いいや、あとで考えようと、それが結論なんです。

そして、ほかにパッと切り替えるんです。そんなこと考えてられない、まだすることがあるんだから、と……。

私は、けっして、裕さんを美化したいためにつづったわけではありませんし、私自身が良妻であったと誇示しているわけでもないのです。

ただ、裕さんは、みんなが認めたすばらしい裕次郎であって、私が裕さんと過ごした日々の事実を残しておきたいのです。

いつか裕さんに、

「そんなこといわないでよ。私ひとりになったらどうしていったらいいのよ」

といったとき、

「ママは強い人だから生きていけるよ」

といったでしょう。

私は、あのとき裕さんに、

「わかっちゃいないな」

といいましたね。よほど、私がしっかりした人間だと思っていたのですか、裕さん。

いまこうして過ごす日々をみてくだされば、どちらのタイプか、おわかりでしょう、裕さん。

裕さんと最後に過ごしたホノルルの日のことを思い浮かべております。

それまでは、そんなことめったになかったのに、私が買い物に行くと、必ず私を戸口まで送りにきてくれていましたね。部屋の中から「行っといで」だったあなたが、後半は必ず裏口まで来て、門から車で出ても、大きく、大きく手を振って、私の車が裕さんの視界から消えるまで送ってくださいましたね。

最後までそうでした。ひとりでお部屋にいるのがさびしかったのですか。

まだ、裕さんが病気しなかった時代――。ワイキキのコンドミニアムから、沖に錨《いかり》を下ろしている裕さんのヨット。

裕さんも、マンションの見える場所で、錨を下ろし、そこでくつろぐ……。

昭和62年4月18日、自宅居間で専用のチェアで仮眠をとる裕さん。これが、文字どおり私が撮った、最後の裕さんの写真になりました。

双眼鏡で見ると、みんなが小さくても、はるか遠方でもわかるんです。

裕さんと時間を決めて、ベランダから赤いタオルを下げると私たちの部屋がわかり、裕さんが大きく手を振る。

真っ黒に日焼けして、少年のようにしなやかに伸びた、裕さんの長い足。

何か叫んでいるみたい……。私を呼んでいるみたい……。大きな子供、裕さん――。

あの日から、どれだけ時間が経過《たっ》たのでしょうか……。

もう一度生まれ変わっても、裕さんの妻を選びます。

もし、私がこの世に終止符を打つのでしたら、何年かかっても、あの世で裕さんを探し当てます。

あの世にほんとうに、男女の世界があるのでしたら、何年かかっても探して歩きます。

裕さん、それがあなたへの私の慕情なのです。

裕さんに逢いたい。

もう一度裕さんに逢いたい……。

そしてこの手でそっと抱きしめてあげたい――。

あとがき

〝自分でこのようなものが書けるとは、夢にも思わなかった〟というのが、最後に筆を置いた時の、私の正直な気持ちです。

裕さんと、苛酷なまでの哀しい別れをして一年――。ひとりではとても生きる希望もなく、ただぼんやりとした毎日でした。また、一日も早く現実を認めなければ、と思いつつ、それでいて、毎日裕さんを想い出しては涙ぐみ、いい知れぬ深い哀しみの淵に沈んでばかりおりました。しかし、辛くとも、いつかはこの苦しみをふっきって、ひとりで生きなければならぬことは、百も承知なのですが、その時期が何時《いつ》なのか、はたしてほんとうに来るのか、今でも私は、空《くう》をさぐる思いなのです。出版のお話がまいりますたびに、すべて、お断りしてまいりました。あの日から、時間が止まってしまった私には、きめられた日時の約束を遂行する自信が、まったくなかったからです。太陽と海のイメージを重ね、タフガイといわれた裕さんでしたが、この人程、虚像と実像の差の顕著な人も珍しく、素顔は、ナイーブで、心やさしい、ごく普通の夫でした。

　たび重なる病床の中で、悩み、傷つき、それでもあくことのない、生への執着をみせながら戦い、そして、大好きな夏を目の前にして、虹のかかる梅雨明けの空の下で、五十二年六か月二十日間の、けっして長くない生涯を閉じてしまったのでした。

　裕さんが逝って以来、数多くの出版物が発行されました。中には説明不足のため、間違った報道をされたことも、少なくありません。それがとても気になっておりましたことも事実です。

　そこで、主婦と生活社様の熱意と、裕さんにもっと近づきたい、という多くの方がいらっしゃる現実と、もしかしたら、裕さんを書くことによって、このはかり知れない哀しみを、少しでも乗り越える、きっかけになるかも知れない、間もなく迎える一周忌という、一つの節目に間に合うように出版することも、裕さんへの供養なのかも知れない、あの膨大な量になった私の日記を資料とすれば、年代をおって忠実に仕上がるかも知れない……。

　そんなことを考え、悩んだ末に、この作業を、思いきってスタートさせたのです。

　書きながらも、始終昔を思い出しては、長い時間立ち止まってしまったり、ある時は、早くここを脱出したいと、夢中で飛び越え突っ走ったりいたしました。なかでも一番辛かったのは、仕事のつまずきで、難問題をかかえ、私を巻き込まないためにと、裕さんが義母《はは》に離婚の相談をしたくだりです。当時の裕さんの心情が手に取るようにわかり、なんともやりきれませんんでした。このように、紆余曲折をへて、なんとか、まとめることができました。

本心を申し上げますと、私達の三十年は、私だけの胸に一生しまっておきたかったことと、それに限られたページ内では、三十年の歴史は書き尽くせませんし、書き足りないことが、沢山ございましたが、それでも、私なりに必死に、正直な私史は書いたつもりです。

そしてこれが、私だけに見せた、私だけが知る裕さんの素顔なのです。

天国の裕さん、あなたは、どんなお気持ちで、この本を読んで下さってますか？　ふたりだけの秘密を、あまりにも赤裸々に公表してしまったことを、烈火のごとくお怒りになってますか？　それとも、百万ドルの魅力の、あの照れ笑いをなさっておられるのでしょうか？……。

書くという作業のなかで、不慣れの私を励ましお力添え下さいました阿蘇品さん、美しい装丁をして下さった、もの静かな松田さん、涙ぐみながらシャッターを押し続けた写真家の原田さんと助手の方。また、出版部の皆様に、心から御礼申し上げます。

そして、この長い戦いの年月を、いつも温かく見守って下さった山上ご夫妻と元祖会、リク姉と五期生、奥村様、中田様、坂田様、松原様、田辺様、小松様、高柳様、藤田様、宮松様、啓子様、ヤスエ様、つるた様、ほんとうに、ありがとうございました。

石原まき子

おわりに　歳月とともに

裕さんが逝って三十二年、今年で三十三回忌を迎え、二人の結婚生活の二十二年をはるかに超えた歳月となりました。昭和から平成、そして令和という新しい年になり、時代の様子もすっかり変わってしまいました。

それでも私にとって昭和はまだ少し前の出来事のように思えるのは、裕さんがいまも傍にいて見守ってくれていると感じているからなのでしょうか。

私はもう八十五歳になり、身体の方が思うようにいかなくなりましたが、それも自然の成り行きとして老いに身をまかせ、静かに暮らしています。

三年前までは、毎月十日余り、「石原裕次郎記念館」の館長として小樽へ出かけていましたが、平成二十九年八月三十一日、記念館を閉館して以来、外出する機会がめっきり減り、その分、仏壇の裕さんと成城の自宅で過ごす時間が多くなり、それはそれでとても充実した毎日を過ごしています。

平成三年七月二十日、「石原裕次郎」の足跡をきちんと遺し、守っていくために、裕さんの〝第二の故郷〟である北海道小樽市築港に「石原裕次郎記念館」をオープンしました。そこには裕さんの遺品や映画などの関係資料が二万点近く展示されて、私はこの記念館の館長職に就く一方、社長の渡さんと小林専務に手を引かれるようにして石原プロを守ってまいりました。

その渡さんが健康上の問題と、裕さんより長く社長を務めるわけにはいかないという理由で、平成二十三年五月十一日に社長職を辞したのですが、そのあとも私を含め石原プロスタッフの精神的な支えとなって今日まで応援してくださっています。

渡さんには感謝でいっぱいです。

私は石原プロの会長として初めて表舞台に立つことになりましたが、不慣れゆえに、皆様には本当にご迷惑ばかりかけてまいりました。それでも、どうにかこうにかしながら皆様のお力添えで、石原裕次郎を守り続けていくことができたのです。

その後、紆余曲折を経て平成二十九年八月三十一日午後六時、小樽市の「石原裕次郎記念館」はその役目を終え二十六年もの歴史に幕を下ろすことになりました。

この間の来館者は二千万人を突破して、世代を越えて多くのファンに愛され支えられてきたのです。

二十六年間、東京と小樽を行き来する生活を送りました私にとって、記念館はわが家のような場所です。とてもつらかったのですが、最後のセレモニーでは、笑顔でお礼を申し上げました。午後六時の閉館後、正面玄関前で約一〇〇〇人のファンの方へのお礼の挨拶では、つい「終わりという言葉は本当に悲しい。正直言うと本当に苦しいんです」

と話し、泣かないつもりでしたが涙が止まらず、何度も言葉を失ってしまいました。

記念館の裕次郎さんゆかりの遺品は、成城の自宅の別館に保管して、全国縦断「石原裕次郎の軌跡」展で、みなさんにご覧いただいています。

この頃とてもさみしいのは、裕さんや私の親しい方々が歳月の中で、次々と裕さんのいる黄《よ》泉《み》の国へ旅立っていったことです。年を取るということは、自分が老いていくだけではなく、そうした親しい方との別れが次々と訪れることなのでしょうか。

いま一日の始まりは、朝、目覚めますと、まず仏間で裕さんにお線香をあげたあと、前の日の出来事を話し、今日のこと、明日の予定などについて思うままに話しかけて聞いてもらっています。楽しいこともあれば愚痴や、不安を口にすることがありますが、裕さんの遺影はいつもニッコリ笑って「大丈夫だよ、ママ」と励ましてくれています。

石原プロの若い方たちが、私の身体を心配して毎日来てくださいますが、まだまだ大丈夫です。

裕さんの三階の寝室や、洋服を仕舞っているワードローブや二階の書斎やプレイルーム、リビングなどは、いまだに、生前裕さんが使ったそのままの状態にしています。そのほうが何故か心が落ちつき、やすらいだ気分になることができるのです。裕さんが大事に大事にしていたワイン倉庫のワイン、すっかり熟成されたビンテージものばかりになり、仏間の裕さんに少しずつお供えして、味わってもらうようにしています。

裕さんの好きだった庭の紫陽花《あじさい》、今年も見事にたくさんの花を咲かせ、目を楽しませてくれ、鳥のさえずりも裕さんがいた以前と変わりありません。

一日の楽しみは、石原プロの若い方たちとの談笑や、庭に出て草花の手入れや、裕さんのいる仏間で時間を過ごすことです。そのなかでそろそろ〝断捨離〟を考えるようになりました。三十三回忌は、「弔い上げ」といって、年忌法要の最後とする、と言われています。三十三回忌の次は五十回忌（遠忌法要）となりますが、私がそこまで生きている自信はありませんので、三十三回忌で務めを果たし、あとは皆様にご迷惑をかけずに命ある限り裕さんを供養してまいるつもりです。

「会者定離《えしゃじょうり》なれば、愛別離苦《あいべつりく》は避《さ》ける術《すべ》もなし」

という言葉があります。

どんな素晴らしい出会いも、どんなに愛し合っていても、どんなに信頼し合っていても、この世に生を受けた私たちには必ず別れの時が訪れるという意味だそうです。

厳しいこの現実を前に、誰もが永久《とわ》の命を生きながらえることはできないのだと頭ではわかってはいても、それを心に受け入れることができたかと問われると、この歳になったいまも、私は静かに首を横に振るばかりです。

令和元年七月

本書は、一九八八年七月十七日、主婦と生活社から刊行しました単行本を、石原裕次郎さんの三十三回忌特別出版として加筆して新装復刊したものです。

石原まき子（いしはら・まきこ）

1933年東京生まれ。日劇ダンシングチーム5期生で、1952年に退団して松竹に入社。芸名・北原三枝は木下恵介監督が命名。名作「君の名は」のアイヌの娘役で本格デビュー。1954年、日活に移籍。八頭身の抜群のスタイルと美貌で1955年には主演映画「青春怪談」など12本の映画に出演した。翌年、「狂った果実」でデビューした石原裕次郎さんと出会う。1960年12月2日に日活ホテルで挙式。「闘牛に賭ける男」を最後に引退。現在は石原プロモーション代表取締役会長。

装丁・本文デザイン　加藤茂樹
編集協力　㈱石原プロモーション
写真提供　石原まき子
進　　行　久保木侑里 岡野友俐

裕さん、抱きしめたい

2019年7月17日　第1刷発行
2019年7月30日　第2刷発行

著者 ── 石原まき子

編集人
発行人 ── 阿蘇品 蔵

発行所 ── 株式会社青志社

〒107-0052　東京都港区赤坂六－二－十四レオ赤坂ビル4F
（編集・営業）
TEL：03-5574-8511　FAX：03-5574-8512
http://www.seishisha.co.jp/

印刷
製本 ── 株式会社新藤慶昌堂

 ISBN 978-4-86590-085-9 C0095